Karl Braun

**Gegen G.G. Gervinus**

Karl Braun

**Gegen G.G. Gervinus**

ISBN/EAN: 9783743435094

Hergestellt in Europa, USA, Kanada, Australien, Japan

Cover: Foto ©ninafisch / pixelio.de

Manufactured and distributed by brebook publishing software (www.brebook.com)

Karl Braun

**Gegen G.G. Gervinus**

# GEGEN

# G. G. GERVINUS

von

Dr. KARL BRAUN
(WIESBADEN)

LEIPZIG
VERLAG VON DUNCKER & HUMBLOT
1871.

# INHALTS-VERZEICHNISS.

|  | Seite. |
|---|---|
| I. Klage-Schrift von K. Braun | 1 |
| II. Klage-Beantwortung von G. G. Gervinus | 31 |
| III. Replik von K. Braun | 38 |
| IV. Intervention von Herman Grimm | 66 |
| V. Das Erkenntniss | 73 |

# 1.
# Klage-Schrift, von K. Braun.

### 1.

Die „Geschichte des neunzehnten Jahrhunderts seit den Wiener Verträgen", welche Gervinus 1854 herauszugeben begann, stockt seit 1866. Sie ist mit Band VIII bis zu den unmittelbaren Nachwirkungen der Julirevolution gediehen. Sie schliesst ab mit der Abdankung des Kaiser Don Pedro von Brasilien. Das ist zwar gerade kein welthistorisches Ereigniss; allein wir durften trotzdem auch bisher schon kaum noch hoffen, dass der grosse Historiker den Faden, welchen er hier fallen liess, wieder aufgreifen werde. Hätten wir aber diese Hoffnung noch gehegt, so ist sie uns nun definitiv und für immer abgeschnitten durch die, vom November 1870 datirte Vorrede zu der neuesten, fünften Auflage von Gervinus' „Geschichte der deutschen Dichtung," — eine Vorrede, welche gewissermaassen einen Bestandtheil, wenn gleich allerdings nur einen negativen, der *signatura temporis* bildet und die Kritik mehr herausfordert, als das ganze fünfbändige Buch, das wir ja Alle schon kennen.

Das letztere war in seinen früheren Auflagen drei Männern gewidmet, an welchen die deutsche Nation mit unwandelbarer Treue und Verehrung hing und noch hängt bis zur heutigen Stunde, weil sie gross waren nicht nur in der Wissenschaft, sondern auch in Ueberzeugungstreue und politischer Thatkraft, sobald der Lauf der Ereignisse an sie herantrat und von ihnen verlangte, dass sie um des Volkes willen handeln sollten oder auch dulden. Dieses Triumvirat, welches Deutschland stets heilig und unvergesslich bleiben wird, waren die „Gebrüder Grimm" und ihr Göttinger Schicksalsgenosse Friedrich Christoph Dahlmann. In dem Zwischenraum, welcher zwischen der vierten (1853) und der fünften (1870) Auflage der Geschichte der deutschen Dichtung liegt, hat der Tod ihrem verdienstvollen Wirken ein Ende gesetzt. Gervinus denkt ihrer voll Pietät in der Vorrede, und mit Recht vermuthet er, diese seine Freunde würden ihm, wenn sie noch unter den Lebenden wären, die wohlbegründete Frage aufwerfen, warum er nicht lieber seine Geschichte des 19. Jahrhunderts vollende, als seine Geschichte der deutschen Dichtung neu bearbeite, warum er nicht die Fortsetzung eines unvollendeten Werkes der Erneuerung eines fertigen vorziehe, warum endlich er gerade in dieser Zeit der schrankenlosen patriotischen Hoffnungen des deutschen Volkes, nicht lieber seiner politischen Gegenwart, als seiner literarischen Vergangenheit, Theilnahme und Thätigkeit zugewandt habe.

Es ist dieselbe Frage, welche auch wir aufwerfen; wir, das Publikum, welches seit vier Jahren vergeblich der Fortsetzung des Geschichtswerkes harrt, und nachdem es dessen Anfang mit so viel Sympathie aufgenommen, wohl auch ein Recht hat, sich für die Vollendung zu interessiren. Hören wir daher die Antwort, welche Gervinus auf diese Frage giebt, wenn gleich er sie nicht uns direct ertheilt, sondern den Manen seiner Freunde und anknüpfend an deren Persönlichkeit, weil er behauptet, dass er sich mit ihnen, den grossen Todten, „in seinen Gedanken über die neueste Aera deutscher Geschichte weit näher weiss, als mit uns, oder wie er es ausdrückt, mit den grossen Massen der Lebenden, deren berauschte Begeisterung über unsere Gegenwart, deren schwindelnde Erwartungen von unserer nächsten Zukunft" (so meint Gervinus) jene Drei so wenig getheilt haben würden, als er selber. Da ich die Erklärung zum Gegenstand meiner Erörterung machen will, so halte ich mich für verpflichtet dieselbe wörtlich mitzutheilen. Sie lautet wie folgt: „Gewiss, jene beiden Alterthumsforscher (Wilhelm und Jacob Grimm) voll ehrfürchtiger Liebe zu dem herrlichen Vaterlande hätten in Freude gezittert bei der Aussicht auf die Wiederversammlung verlorener Stämme zu der deutschen Familie; gewiss, jener tiefernste Geschichtsforscher (Dahlmann) hätte geschwelgt bei dem Anschauen des gewaltigen Dramas, in welchem die Nemesis, die selten ihre Spiele in so deutliche Scene setzt, den französischen Gewalthaber aus seinem persönlichen Herrscherthum in die selbstgegrabene Grube der Vernichtung hinabschleuderte; aber die Freude wäre ihnen bitter und unheilbar vergällt gewesen durch die Rückerinnerung an die Ereignisse, die vor vier Jahren die neue Macht und Einheit Deutschlands eingeleitet haben. Zwei dieser Männer (Dahlmann und Jacob Grimm) waren gegenwärtig und mitthätig gewesen als 1848 dem preussischen Königshause von dem deutschen Volke selber aus vollen Herzen und Händen die Vorherrschaft in Deutschland frei und willig angetragen wurde. Wenn sie erlebt hätten, wie achtzehn Jahre später, als Preussen nach dem böhmischen Kriege über die deutschen Geschicke mit unwidersprechbarem Ansehen gebot, die beneidenswertheste aller Lagen versäumt wurde, in der ein edelmüthiger Siegesgebrauch die rasch geschlagenen Wunden des Bürgerkrieges noch rascher hätte heilen, das ganze, in seinen Gliedern unversehrte Deutschland in einen wahren freien Bund unter preussischer Schirmherrschaft versammeln, und so die deutschen Dinge für alle Zukunft feststellen können, unanfechtbar und — was der unendlich viel grössere Gewinn gewesen wäre — unangefochten von aussen, im Innern auf immer gesichert durch den guten Willen des gesammten Volkes und aller seiner Stämme;

wenn sie erlebt hätten, wie diese verschwenderische Gunst der Verhältnisse verscherzt wurde, in der eine wahrhaft grossartige Staatskunst vorgezeichnet war, die mit unsterblichem makellosen Ruhm und einer unerschütterlichen Machtstellung zugleich gelohnt hätte; wenn sie erlebt hätten, wie die dargebotene Hand des kleinstaatlichen Deutschlands, die 1849 empfindlich niedergeschlagen worden war, 1866 kurzweg abgeschlagen wurde, sie würden, ich kann das wissen, die Tage dieser Thaten nicht als hohe Feste (wie der Dichter sagt) mit goldener Schrift in den Kalender geschrieben, sondern als Tage der Schmach, Gewaltthat, Bundesbrüchigkeit lieber ausgestossen haben. Und sie hätten auch die grossen Kriegsthaten von 1870 nicht für den Riesenschwamm gehalten, der die tiefe Unbefriedigung über die inneren Zustände Deutschlands mit einem Zug austilgen würde; denn wie bewunderungswerth diese Thaten seien: dem, der die Tagesgeschichte nicht mit dem Auge des Tages, sondern mit dem Auge der Geschichte ansieht, erscheinen sie trächtig an unberechenbaren Gefahren, weil sie uns auf Wege führen, die der Natur unseres Volkes und, was viel schlimmer ist, der Natur des ganzen Zeitalters durchaus zuwiderlaufen."

Gervinus hat stets mit der Gewissenhaftigkeit der deutschen Gelehrten und mit der Rückhaltlosigkeit eines ehrlichen Mannes seine Ueberzeugung ausgesprochen, auch dann, wenn er wusste, dass dieselbe auf den lebhaftesten Widerspruch stossen würde. Ich setze nämlich voraus, dass er dies wusste, sowohl damals, als er in der ersten Ausgabe seiner Literaturgeschichte den deutschen Dichtern das fernere Singen verbieten wollte, als auch neuerdings, da er seine höchst eigenthümliche musikalische Weltanschauung proklamirte, welche über die Instrumentalmusik den Stab bricht.

Dass er mit derselben Offenherzigkeit auch heute, Angesichts der Erhebung des deutschen Volkes für seine nationale Einheit und Unabhängigkeit vom Auslande, sein dissentirendes Votum rücksichtslos abgiebt, gereicht seinem Character vielleicht auch noch zur Ehre. Höchst bedenklich dagegen scheint mir die Art, wie er seine rein persönliche Auffassung der Dinge, die er erlebt hat, in die Seele seiner verstorbenen Freunde hineinschieben will, welche diese Dinge nicht erlebt haben. Wer und was giebt ihm das Recht zu sagen: Wilhelm Grimm, Jacob Grimm, F. C. Dahlmann, urtheilen über diese Ereignisse so und so; sie haben zwar diese Ereignisse nicht mehr gesehen, sie konnten also auch ihr Urtheil darüber nicht selbst aussprechen, aber ich, Gervinus, ich, der sich ihnen nahe weiss, ich, der ich ihr Urtheil über die neueste Aera der Geschichte kenne, und der ich das Alles „mit dem Auge der Geschichte" betrachte und besser verstehe, als diese grosse Masse der Lebenden mit ihrer hohlen Begeisterung, und ihren schwindelhaften Erwartungen, ich sage Euch: hätten diese drei Männer das Alles erlebt, sie würden ihre Unbefriedigung darüber zu erkennen gegeben, sie würden das Alles für Bundesbruch, für Schmach und für Gewaltthat erklärt haben? Seine eigene Meinung soll und mag Gervinus immerhin sagen, aber er soll nicht als Eideshelfer Männer aufrufen, die der Nation theuer sind und von welchen Tausende, und darunter ihre nächsten Angehörigen und Freunde, — Letzteres Männer, die ihnen denn doch vielleicht näher gestanden haben, als Gervinus — glauben ja gerade zu wissen, dass sie eine ganz andere Anschauung hatten, als die, welche Gervinus aus seiner persönlichen Verstimmung heraus ihnen hier aufoktroyirt. In der That würde nicht so leicht irgend ein Andrer sich eine solche Selbstüberhebung, eine solche übel angebrachte Geisterbeschwörung erlaubt haben, welche man geneigt sein würde, frivol zu halten, wenn es nicht gerade ein Gervinus gewesen wäre, der sie gewagt hat.

Doch genug davon. Wenden wir uns zur Sache. Gervinus tadelt Preussen, dass es von seinen Siegen von 1866 Gebrauch gemacht und sich nicht lediglich auf den guten Willen derjenigen Regierungen verlassen hat, welche ihm damals den Krieg direct oder indirect erklärt, und welche bereits drei Lustra vorher bei Gelegenheit der Erfurter Verfassungsprojekte den Beweis geliefert hatten, in wie weit man berechtigt |ist, auf diesen guten Willen zu rechnen und auf den Erfolg zu trauen, wenn man den Rathschlägen der Gothaer aus der Paulskirche folgt.

Die Vorwürfe, welche Gervinus Preussen wegen 1866 macht, dünkten mir indess, als ich diese Vorrede las, nicht neu zu sein. Ich hatte, so glaubte ich, denselben Gedanken, ja beinahe dieselben Worte, wie ich mich mit Bestimmtheit entsann, schon einmal, und zwar etwa vor Jahresfrist in französischer Sprache vernommen. Nach einigem Suchen und Nachdenken gelang es mir, die Quelle zu finden. Hier ist sie:

Man wird sich der Aufsätze, betitelt: „Preussen und Deutschland in 1869" erinnern, welche Victor Cherbuliez im Dezember 1869 und im Januar 1870 in der *Revue des deux mondes* publicirte. Sie bildeten gleichsam die Ouvertüre zu dem französischen Krieg vom Sommer 1870. Denn sie suchten die Entwicklung des norddeutschen Bundes als im Stillstand begriffen, den Rückgang, ja die Auflösung als bevorstehend und unvermeidlich, die Territorialregierungen als feindselig gegen die Bundesgewalt, die neuen Provinzen als zum Aufstand geneigt, und Süddeutschland als der Schutz- und Trutzbündnisse überdrüssig und zu allem Anderen eher, als zu einem Zusammengehen mit Preussen und Norddeutschland, bereit, zu schildern. Sie stellten die Lage der Dinge so dar, wie sie sich Diejenigen wünschen mussten, welche uns mit einem erfolgreichen Kriege überziehen wollten, um „Rache für Sadowa" zu nehmen. Diese Artikel Cherbuliez's wurden von allen unseren Feinden mit Jubel begrüsst. Alle welfischen Blätter, Correspondenten und Agenten (die sogenannten „internationalen" Welfen mitinbegriffen) klatschten ihnen Beifall. Julius Frese, welcher schon vorher in seiner „demokratischen Korrespondenz" im Tone des Biedermannes versichert hatte, eine französische Unterjochung und Fremdherrschaft werde uns Deutschen vortrefflich bekommen, „denn die französische Invasion sei nur eine Hautkrankheit im Vergleich zu dem Gifte der preussischen Herrschaft", pries sie um die Wette mit Herrn Zängerle, welcher sich auf französisch Seinguerlet nennt. Der „Stuttgarter Beobachter", welcher uns täglich mit Krieg drohte und zugleich als guter Freund uns rieth abzurüsten, überschwemmte sein Feuilleton mit einer Uebersetzung von Cherbuliez; und Professor Ewald in Göttingen fühlte sich auf's Neue zu einer Broschüre begeistert, in welcher er uns zum siebenten Male den Unterschied zwischen dem Tartarenreiche des Tschingis-Khan und dem gottseligen chinesischen Reiche der Mitte klar zu machen, und ersteres als abschreckendes Beispiel, letzteres als nachahmungswerthes Muster hinzustellen suchte, indem er uns ermahnte den Tschingis-Khan-Bismarck im Stiche zu lassen und statt dessen die Pfade des eben so sanften als weisen Confusius zu wandeln und Sühne zu thun für die seit 1866 verübten Schandthaten, dadurch dass wir in Deutschland durch Wiederherstellung des Welfenreiches und des Frankfurter Bundestags ein zweites China aufrichteten, bevor es zu spät sei, und die Donner des Gerichtes über uns hereinbrächen.

Um dem eigenen Urtheil des Lesers nicht vorzugreifen, setze ich die Parallelstelle des Herrn Victor Cherbuliez zum Zwecke der Vergleichung mit der Vorrede des Herrn G. G. Gervinus wörtlich hierher. Cherbuliez tadelt den Prager Frieden und die Annexionen. Seiner Meinung nach hätte Preussen am Tage nach Sadowa sprechen müssen wie folgt:

„Wir haben gesiegt. Aber als Siegespreis verlangen wir nichts als das Recht, die deutsche Frage unter freier Zustimmung und Mitwirkung Deutschlands zu lösen. Ausser der Provinz, welche wir Dänemark abgenommen haben, und die wir nicht entbehren können, im Interesse unserer

Marine und unserer Stellung an der Ostsee, verlangen wir für Preussen keinen Strohhalm breit Land. Wir haben zu keinem anderen Zweck zu den Waffen gegriffen, als um uns selbst und Deutschland aus einer falschen und täglich unerträglicher werdenden Situation herauszuziehen. Die erste Pflicht des Staats ist Selbsterhaltung, und Oesterreich hatte sich darauf verlegt, unsere Existenz unmöglich zu machen. Bei jedem Versuch, bei jedem Unternehmen sperrte uns Oesterreich den Weg. Es ging darauf aus, uns zu isoliren oder zu vernichten. Aber trotzdem, und zwar Kraft der Macht der Thatsachen, bestand eine Art latenter Verschwörung zwischen dem Lande Preussen und dem liberalen Deutschland. Im Jahre 1849 haben wir die Kaiserkrone zurückgewiesen, welche die Revolution uns geboten. Unsere bescheidene Zurückhaltung ist 1850 durch Demüthigungen vergolten worden. Später, 1859, ergab es sich, dass Oesterreich unsern Beistand bedurfte, weil es seine italienischen Provinzen bedroht sah. Es bat uns, ihm zu Hülfe zu eilen. Wir antworteten, in unserer Eigenschaft als Bundesglied seien wir nicht verpflichtet, ihm seine ausserdeutschen Besitzungen zu gewährleisten, aber wir seien bereit, ihm unsere Hülfe angedeihen zu lassen auf Grund eines einzugehenden Vertrages. Als Preis unseres Beistandes forderten wir ein alternirendes Bundes-Präsidium und ein engeres Bündniss Preussens mit denjenigen Staaten des deutschen Nordens, die in unserem Machtbereich liegen, und deren wir uns versichern müssen, um nicht in unseren Bewegungen gehemmt zu sein. Aber Oesterreich wollte von alledem nichts hören. Lieber verlor es seine italienischen Provinzen, als dass es sich dazu bequemte, auf seine alleinige Hegemonie in Frankfurt a. M. zu verzichten. Im Gegentheil, auf dem Fürsten-Kongresse vom August 1863 versuchte es dieselbe ohne uns und wider uns auszudehnen und zu befestigen. Für uns blieb nichts als die Abdankung. Aber die Entsagung ist nur gut im Kloster, nicht in der Politik.

Die Waffen haben für uns entschieden. Von nun an sind wir in Deutschland überall wie in unserem eigenen Hause. Aber wir sind weit entfernt davon, dort als absolute Herren kommandiren zu wollen. Wir streben nur nach der Führung, auf welche wir, kraft dessen, was wir sind, und kraft dessen, was wir geleistet, ein Recht haben. Wir wollen den Beweis führen, dass wir Deutsche sind, wie wir bereits dadurch, dass wir eine jede Vergrösserung unseres Landes verschmähten, den Beweis geliefert haben, dass wir nicht nach der Tyrannis streben. Wir wissen, dass ganz Deutschland von zwei gleich starken Gefühlen beherrscht wird; das eine ist das Nationalgefühl, das andere eine alteingewurzelte Neigung zur Selbstverwaltung (*selfgovernment*). Die kleine Schweiz, wo seit der Reform der Bundesverfassung (1848) Kantone neben einander bestehen, welche zu Hause bei sich vollständig souverän und unabhängig und doch durch ein enges Band mit einander verbunden sind, hat auch für uns den Beweis geführt, dass es möglich ist, eine Bundesverfassung aufzurichten, bei welcher die Centralgewalt eine wirkliche Macht ist, ohne dass die Souveränetät der Einzelstaaten beeinträchtigt wäre. Wir, Preussen, werden uns mit den übrigen deutschen Regierungen zusammen thun, um die Staatsform zu finden, welche den Wünschen Deutschlands entspricht, d. h. welche nicht nur den uns gebührenden Einfluss, sondern auch die Unabhängigkeit der Einzelstaaten und die Freiheit der verschiedenen Völkerschaften sichert, und dann werden wir unser Projekt einer deutschen Nationalversammlung zur Genehmigung vorlegen".

So also hätte nach der Meinung des Herrn Victor Cherbuliez im Herbst 1866 das siegreiche Preussen sprechen und handeln sollen; und da es dies nicht gethan hat, der ganze gegenwärtige Zustand aber nur provisorisch ist, so kann es selbst jetzt noch nichts besseres thun als sich zu jenem „föderativen" Standpunkte bekehren. Alles, was seit 1864 geschehen, widerrufen, die Depossedirten restauriren, die Bundesverfassung aufheben, und alles Uebrige von dem guten Willen hoher deutscher Regierungen ab- und erwarten. So weit Herr Cherbuliez.

Herr Gervinus stimmt im Wesentlichen mit Herrn Cherbuliez überein. Dabei lässt sich jedoch nicht verkennen, dass erstens Cherbuliez insoweit viel gerechter gegen uns ist, als er die Nothwendigkeit des Krieges gegen Oesterreich und der Auflösung des Frankfurter Bundestages unumwunden anerkennt, während Gervinus vom „Bürgerkrieg", „Bundesbrüchigkeit", „Schmach" und „Gewaltthat" redet; und dass zweitens Herrn Cherbuliez zwei Entschuldigungsgründe zur Seite stehen, deren Herr Gervinus ermangelt.

Cherbuliez nämlich gehört der französischen Schweiz als Bürger an. Kein Wunder also, dass er dem grossen Deutschland „die kleine Schweiz" als Muster vorhält, ohne zu bedenken, dass letztere ein zwischen hohen Bergen verstecktes vom Meer abgeschnittenes Binnenland ist, dessen Neutralität durch seine schildkrötenartige Natur und durch völkerrechtliche Verträge garantirt ist und dass gleichwohl selbst dort die politische Einheit nur durch Krieg, den Sonderbundskrieg, erworben wurde. So gut wie der Orientalist Ewald China, kann uns der Schweizer Cherbuliez die Schweiz als Muster empfehlen. Und weil sich die Schweiz aus den Splittern dreier Nationen zusammengesetzt, glaubt Cherbuliez, in Deutschland lebten auch „verschiedene Völker". Man muss es dem Ausländer verzeihen, dass die Nachricht von der einen und untheilbaren deutschen Nation noch nicht bis an ihn gelangt ist. Mit Gervinus ist das etwas Anderes. Er ist Deutscher. Er kennt Land und Leute. Er kennt die Geschichte, die Vergangenheit und die Gegenwart Deutschlands, seine Leiden und Freuden, seinen Verfall und seine Wiedergeburt. Er hat die Jahre 1850—1853 mit erlebt und doch scheint er nicht zu wissen, was doch der Franzose Cherbuliez weiss, dass damals „Preussens bescheidene Zurückhaltung durch die unerhörtesten Demüthigungen vergolten wurde!"

Gervinus klagt heute noch darüber, dass Preussen im Jahre 1849 die aus der Hand des kleinstaatlichen Deutschlands dargebotene Kaiserkrone ausschlug, während Jeder, der dem Verlaufe, wenn auch nicht „mit dem Auge der Geschichte" wie Gervinus für sich prätendirt, sondern nur als unbefangener und weltkundiger Beobachter gefolgt ist, sehr wohl weiss, dass damals die Dinge noch nicht reif waren, weder im deutschen Volke, noch in Preussen, wo ja damals noch bis vor Kurzem der Absolutismus geherrscht hatte, dass der Gedanke der Einheit nur in und durch Preussen selbst seine Wiedergeburt feiern und nie und nimmer im dem Schoosse der Kleinstaaterei geboren und von dieser Preussen aufoktroyirt werden konnte; und dass endlich, hätte man unter so ungünstigen Umständen mit Worten die Kaiserkrone angenommen, die nachfolgenden Thaten und Ereignisse dem nicht entsprochen, sondern einen furchtbaren, heute noch nicht überwundenen Rückschlag herbeigeführt hätten.

Der irrlichtelirende Romantiker Radowitz und die partikularistischen Büreaukraten Manteuffel und Westphalen waren die Männer nicht, die deutsche Einheit zu gründen. Und König Friedrich Wilhelm IV. wahrlich auch nicht. Als Heinrich von Gagern in ihn drang, die Kaiserkrone anzunehmen, sagte er: „Ich empfehle Ihnen Geduld!" Gagern brach verzweifelnd in die Faust'schen Worte aus: „Und Fluch vor Allem der Geduld!"

„Bah", sagte der König, „mein lieber Herr von Gagern, das ist Ihnen gewiss nicht ernst. So sagen die Leute, welche sich dem Teufel verschreiben. Das thun Sie doch gewiss nicht. Ich sage Ihnen, Geduld überwindet Alles, sogar Sauerkraut." Und dabei lachte der König von Herzen.

Einem anderen Mitgliede der Kaiserdeputation sagte er mit feierlichem Ernste: „Die Kaiserkrone wird nur auf dem Schlachtfelde errungen und ich bin nicht der Mann der Schlachten." Einem dritten, der an Friedrich II. mahnte, bemerkte er: „Ich bin nicht Friedrich der Grosse!" Er hatte Recht mit der einen, wie mit der anderen Bemerkung. Und er hatte auch Recht, da er die Kaiserkrone ausschlug. Die Zeit war noch nicht gekommen zur Annahme. Dieselbe würde damals Deutschland nicht geholfen und Preussen geschadet haben. Beugen wir uns deshalb vor den Rathschlüssen der Vorsehung, anstatt ihr in schulmeisternder Weise das Pensum corrigiren zu wollen.

Was den zweiten Entschuldigungsgrund betrifft, so schrieb Cherbuliez vor Sommer und Herbst 1870, Gervinus danach. Gervinus hat den Verlauf des Krieges beobachtet. Er weiss, wie er begonnen; wie uns der Krieg erklärt wurde ohne alle Veranlassung unsererseits, blos zur „Revanche für Sadowa"; und doch scheint er behaupten zu wollen, wir hätten 1866 „unangefochten von Aussen" die Mainlinie überschreiten können. Er weiss, dass ohne die Ereignisse von 1866, ohne den Bund von 1867, ohne den vielgeschmähten „preussischen Militarismus", welcher immer wieder aufs Neue Heere auf Heere gebiert, während die Kräfte der Andern erschöpft sind, ein grosser Theil von Deutschland 1870 der Fremdherrschaft oder wenigstens der Eroberung verfallen gewesen wäre. Und dennoch verkündet er öffentlich: „Die Siegesfreude ist mir bitter und unheilbar vergällt durch die Rückerinnerung an die Ereignisse, welche vor vier Jahren die neue Macht Deutschlands eingeleitet haben."

Fürwahr das sind Räthsel, welchen gegenüber man beinahe geneigt wäre, zu sagen: *Davus sum, non Oedipus.* Gleichwohl glaube ich, sie lassen sich lösen: wenigstens will ich den Versuch machen.

## 2.

In früheren Zeiten hatte man gut prophezeien. Die Dinge entwickelten sich so langsam, dass der Prophet selten den Zeitpunkt erlebte, wo es sich entschied, ob er Recht hatte oder nicht. Auch waren die Propheten damals noch so klug, die Perioden möglichst lange zu greifen. Wenn Napoleon I. 1819 mit Aplomb behauptete, in fünfzig Jahren werde Europa republikanisch oder kosakisch sein, so brachte er durch die Dauer der gewählten Frist wenigstens seine eigene Person in Sicherheit vor dem Vorwurfe des Falschprophezeiens. Heute ist die Frist verstrichen. Die Wahrsagung hat sich als falsch erwiesen. Aber der Prophet ist schon lange nicht mehr unter den Lebenden.

In gegenwärtiger Zeit jedoch stürmen die Dinge mit der Geschwindigkeit des Dampfes vorwärts, und das Prophezeien ist ein dadurch misslicher Beruf geworden. Oft hat das prophetische Wort kaum den Zaun der Zähne verlassen, so eilen auch schon die Ereignisse hinter ihm drein, um ihm ein gründliches Dementi zu ertheilen. Es ist daher heut zu Tage einem Gelehrten, welcher seinen Ruf zu wahren und alt an Jahren zu werden gedenkt, anzurathen, sich nicht allzusehr mit dem Ankündigen zukünftiger Dinge zu befassen. Leider kann man nicht behaupten, dass Gervinus diesem Rathe immer gefolgt sei. Er mag sich mit Anderen trösten. Schon im Jahre 1813 hatte Georg Barthold Niebuhr gemeint, mit der deutschen Dichtkunst sei es jetzt aus, das Volk werde sich nun auf bessere Dinge verlegen. G. G. Gervinus sprach dieselbe Meinung, halb als Prophezeiung, halb als Rath aus, in der ersten Auflage seiner „Geschichte der poetischen Nationalliteratur der Deutschen". Er fragt mit Percy Heissporn:

„ — Ist dies 'ne Zeit
Zum Puppenspielen und mit Lippen fechten?"

und glaubt, die Poeten in Deutschland würden wohl daran thun, ihre Leier an die Wand zu hängen und nützlicheren Beschäftigungen nachzugehen. Das ist nun schon über dreissig Jahre her. Wenn wir aber zurückblicken auf die Früchte deutscher Dichtung, welche während dieses Menschenalters gereift sind, so müssen wir doch gestehen, dass wir dieselben ungern missen möchten; dass sie unsere nationale Entwicklung durchaus nicht gehindert, sondern im Gegentheil wesentlich gefördert haben; und dass wir auch jetzt noch, in dem Augenblicke, wo der deutsche Staat gegründet wird, lebhaft wünschen, diese Kunstwerke in den neuen Palast der deutschen Nation mit hinüberzunehmen.

Dieser Prophezeiung von 1838 folgte 1845 eine andere. Wie jene auf dem Gebiete der Dichtung sich bewegte, so diese auf dem Gebiete des Glaubens. Sie ist enthalten in dem Schriftchen „Die Mission der Deutschkatholiken", welches damals grosses Aufsehen erregte und viele Auflagen erlebte. Gervinus versprach sich von dem, in Folge der Ausstellung des „heiligen Rockes" in Trier, in Deutschland aufgekommenen Deutschkatholizismus die wunderbarsten Leistungen, sowohl auf kirchlichem als auch auf politischem Gebiete. Man kann heut zu Tage dieses Prognostikon kaum lesen ohne zu lächeln. Selbst der eifrigste Deutschkatholik und der aufrichtigste Verehrer von Gervinus wird nicht leugnen können, dass der grosse Historiker, welcher auf die Werke von 1866 und 1870 mit solcher Geringschätzung herabsieht, als er damals den Deutschkatholizismus verherrlichte, sich den grössten Täuschungen und Irrthümern in Betreff der Tiefe, der Kraft und der Tragweite dieser Bewegung hingegeben. Namentlich hat sie auf politischem Gebiete, wo man so viel von ihr erwartete, kaum irgend etwas Nennenswerthes geleistet.

Die dritte der grossen Prophezeiungen erfolgte im Winter 1852 auf 1853. Gervinus schrieb damals seine Einleitung in die Geschichte des 19. Jahrhunderts und schickte sie als besonderes Buch in die Welt, als Vorläufer jenes grossen Werkes, das, wie ich bereits bemerkte, seit den Ereignissen von 1866 in das Stocken gerathen. In dieser Einleitung strömte er seinen Missmuth über die Täuschung der paulskirchlichen Hoffnungen in vollen Accorden aus. Derselbe richtete sich damals schon vorzugsweise gegen Preussen, weil es die Kaiserkrone ausgeschlagen, die Bewegungen für die Reichsverfassung niedergeworfen und schliesslich auch die schwachen Fäden, welche es in Erfurt zusammengezogen, wieder hatte aus der Hand gleiten lassen, um in Gemeinschaft mit Oesterreich jenes neue „Interim" zu gründen, von welchem man dasselbe sagen konnte, wie von dem alten Interim des 16. Jahrhunderts:

„Das Interim, das Interim,
Das hat den Schalk schon hinter ihm (sich)".

Dieser Schalk war diesmal der alte Frankfurter Bundestag. Jedermann wird es nicht nur begreiflich, sondern sogar vollständig gerechtfertigt finden, dass Gervinus, der Abgeordnete und Vertrauensmann von 1848, der Rathgeber des Reichsministeriums Gagern, der Leiter der „deutschen Zeitung", damals solche Gefühle hegte, und wird ihm Beifall dafür zollen, dass er sie mit offenem Freimuth aussprach. Aber sein Fehler war, dass er ein wissenschaftliches System daraus machte; dass er aus dieser Misstimmung heraus die ganze deutsche Geschichte *a priori* philosophisch konstruirte und so zu dem Ergebniss gelangte, in Deutschland habe sich nicht etwa die Klein- und Vielstaaterei, nein die „Monarchie" als solche unrettbar zu Grunde gerichtet und die Zukunft gehöre nothwendig der Republik, oder etwas ihr Aehnlichem.

Obgleich das Werk, mitinbegriffen die republikanische Weissagung in echt wissenschaftlicher Form gehalten und fern von jeder Aufreizung und Agitation, ja sogar von jeder Anregung und jeder Wärme war, zog es doch seinem Verfasser einen Pressprozess zu, welcher indess bald mit einer glänzenden Freisprechung endete. Während dieser Prozess noch schwebte, erschien die vierte Auflage der „Geschichte der deutschen Dichtung". Sie ist ebenfalls den Gebrüdern Grimm und Dahlmann gewidmet, und die Vorrede behandelt eben jenen Pressprozess. Es ist interessant die Vorrede vom 20. März 1853 zu vergleichen mit der am 20. November 1870. Ich will die hervorragendsten Stellen aus jener hierhersetzen. Gervinus erzählt, wie seine Studien über die deutsche Literatur des siebzehnten Jahrhunderts 1837 in Göttingen eine Unterbrechung erlitten haben durch die Maassregeln der Sieben, deren er ja auch Einer war. „Wie mich damals", fährt er fort, „unversehens ein Gewaltstreich von Göttingen forttrieb, so erlitt meine gedeihende Arbeit (Gervinus befand sich 1853 in Berlin, wo er in der königlichen Bibliothek die Meusebach'schen Schätze studirte) in demselben Augenblicke des noch unvollendeten Abschlusses von Heidelberg aus eine viel unvorhergesehenere Unterbrechung, von der ich nur wünsche, dass sie blos eine Störung meiner und nicht eine Störung aller wissenschaftlichen Thätigkeit in Deutschland bedeuten möge. [Welche Uebertreibung!] Welchen Namen giebt unser mythologischer Freund (Jacob Grimm) diesem undiensamen Kobold und Störgeiste, der dies so fügte? Ich besorge, der politische Freund (Dahlmann) wird statt seiner die Antwort geben: es sei der unruhige Geist des wirkenden politischen Lebens, der uns mehr und mehr aus den friedlichen Stätten des Wissens, das auf die vergangenen Dinge gerichtet ist, mit allen natürlichen und wunderbaren Mitteln hinweggescheucht. Wie seltsam erinnerte uns in Berlin, als ich in Wilhelm's (Grimm) Stube von der Familie Abschied nahm, dies seltsame Ereigniss des Tages an die Göttinger Vorgänge. Wir hatten bei dem Schlage, der uns damals gemeinsam traf, kein besseres moralisches Gewissen, als ich Einzelner jetzt ein gutes wissenschaftliches Gewissen hatte. Und dem muss ich es zuschreiben, dass ich jetzt sowenig wie damals meinen Gleichmuth über diesen Unbilden ganz verlieren konnte. Ist ja doch selbst für den guten Humor so viel krauser Stoff in diesen Dingen, dass ich manchmal nach meinem Kopf fasse, unsicher ob ich, oder ob die Welt verschoben worden sei. [Das erinnert in gefährlicher Weise an das berüchtigte: *„Totus mundus stultizat"* etc.] Denn, welche sonderbare Verkehrung der

Dinge! Ich werde in der Zeit einer sumpfigen Ruhe des Hochverraths und der Aufreizung gegen die konstitutionelle Staatsform angeklagt, der ich zur Blüthezeit der hochverrätherischen Unternehmungen (D. Z. 1848, 26. April) in dem badischen Lande selbst laute Anklage erhob gegen die Zaghaftigkeit, die dem Hochverrath nicht zu begegnen wagte, und gegen die Herabwürdigung des konstitutionellen Systems, die mir darin gelegen schien. Es wird die Beschuldigung erhoben, dass ich mit einem politischen Pamphlete Unruhe stiften wolle, und es ist vielmehr diese erhobene Beschuldigung selbst, die das Pamphlet erst macht und die Unruhe wirklich stiftet. Es wird ein Verbrechen aus der Andeutung der Thatsache gemacht, dass der Monarchismus sich durch seine neuesten Thaten viele moralische Stützen entzogen habe, und zugleich wird mit dieser kleinen allerneusten That eine weitere Thatsache gegeben zum Belege der Wahrheit meiner Andeutung. Ich soll Parteihass säen, aber die Anklage selbst ist nichts als eine Ernte des Hasses einer fanatischen Gegenpartei. Die der Verfolgung verbündete Presse wirft mir im Tone des giftigen Geifers verbitterten Eifer in dieser angefochtenen Schrift vor, die in einem wahren Geiste, ja ich darf sagen in einer wahren Arbeit der Selbstüberwindung geschrieben ist. Dies sind Erlebnisse, die auch den mildesten Sinn empören können. Dennoch sollen sie mir mein inneres Gleichgewicht nicht stören; ich habe mit dem besseren Theile in mir Partei genommen gegen die Bewegung des Blutes. Mein grosser Meister lehrt mich, dass erlittener Frevel, der ins Herz dringt, und Wunden, die uns die Bosheit in guter Sache schlägt, den höchsten Sinn in uns herausfordern und unsere besten Kräfte auf die Probe stellen. Ich hoffe diese Probe zu bestehen. Und dieser Stoss des Schicksals, der mich nicht niederwerfen, der mich nur treiben kann, soll mich nicht über irgend eine Grenze des Gleichmuths treiben. Davon soll eben jene Arbeit Zeugniss geben, in deren

Anfängen schon gerade das die Gegner so zu erbittern scheint, dass sie zwar bittere Wahrheiten, aber aus einem gelassenen Gemüthe sagt."

Gervinus spricht in dieser Vorrede zwar viel von seinem „inneren Gleichgewichte", seinem „Gleichmuthe" und seinem „gelassenen Gemüthe", allein man sieht doch, wie schwer ihn jener Pressprozess angreift, welchen er einen Stoss „des Schicksals" nennt. Wir Anderen, die wir in der Reaktionsperiode von 1852 bis 1865 auf dem politischen Gebiete unausgesetzt praktisch thätig waren, hatten uns an eine derartige Behandlung so ziemlich gewöhnt und geriethen darüber weiter nicht in pathetische Aufregung. Die Regierung Seiner Hoheit des Herzogs Adolf von Nassau z. B. hat es versucht, mir wenigstens ein halbes Dutzend solcher „Stösse des Schicksals" in Form von politischen Prozessen beizubringen. Wir ertrugen dergleichen mit lachendem Muthe und setzten den Kampf fort. Bei Gervinus dagegen trug jener Prozess, trotz der Freisprechung viel bei zu der wachsenden Verbitterung seines Herzens, welcher er auch in seinen wissenschaftlichen Arbeiten, soweit sie die Politik berührten, vollständig die Zügel schiessen liess, während er gleich dem zürnenden Achilleus, von da an das Getümmel politischer Schlachten mied, und sich in die intimsten Falten seines gelehrten Zeltes zurückzog. Je mehr es die Weltgeschichte unterliess, die Wege zu wandeln, welche ihr der grosse Historiker in seiner Einleitung vorgezeichnet hatte, desto mehr begann er mit ihr zu schmollen und zu hadern. Dafür mag die Vierte der grossen Prophezeihungen einen weiteren Beleg liefern.

In dem ersten Bande seiner Geschichte des neunzehnten Jahrhunderts erzählt uns Gervinus, wie Polignac, der Minister Karls des Zehnten, die Verfassung brach, und um die Blicke des französischen Volkes von dieser Rechtsverletzung und seiner sonstigen Missregierung abzulenken, zum Zwecke der Weckung chauvinistischen Geistes Algier erobert und den daselbst angestammten Dey depossedirt habe. Dann fährt der verehrte Verfasser wörtlich fort wie folgt:

„Ein Menschenalter später hat in einem deutschen Staate eine ähnliche junkerhafte Politik, in dem ähnlichen seligen Selbstvertrauen befangen, zu dem gleichen Zwecke einer Ableitung von den ähnlich verfahrenen inneren Verhältnissen, einem Fürsten von ähnlicher privater Ehrlichkeit und häuslichem Wohlwollen (der in ähnlichem Widerwillen gegen die volksthümlichen Institutionen beirrt war und in ähnlicher Weise seine Person in das konstitutionelle Spiel brachte, wie Karl X.) in ähnlicher aber schuldvollerer Art das Gewissen berückt, einen ähnlich kurzen und glänzenden, gegen eine ähnlich unebenbürtige Macht gerichteten Feldzug, der aber nicht wegen gekränkten eigenen, sondern fremden, bundesgenössischen Rechts unternommen war, nicht zu einer rechtmässigen Eroberung auszunutzen, sondern zu einem himmelschreienden Raube zu missbrauchen; und sie hat dies mit dem Erfolge thun können, eine ganze Presse und ein ganzes intelligentes Volk mit dem wohlfeilen Ruhm so zu berauschen, dass es dieser Barbareskenpolitik all' seinen Beifall zuwandte auf die Gefahr hin, die Sache seiner inneren Freiheit Preis zu geben. Das französische Volk aber, zu kriegsstolz, um sich von dem selbstverständlichen Siege über einen winzigen Feind, wie gerecht die Sache, wie glücklich ihre Führung, wie aussichtsreich der Ausgang war, die Sinne im Geringsten benehmen zu lassen, das französische Volk vergass damals nicht einen Augenblick seine erste Pflicht, die Verfassungsrechte zu vertheidigen, in dem richtigsten Gefühle, dass in einem grossen Staate der Götzendienst des Kriegsruhms die Macht einer willkürfrohen Dynastie oder Regierung zur Gefährdung der Freiheit stärkt, wogegen die Volksfreiheit unter aller Bedingung das kräftigste Bollwerk der Staatsmacht."

Der Graf Bismarck und der Prinz Augustenburg mögen sich bei Gervinus dafür bedanken, ersterer, dass er mit

Herrn von Polignac, und der Letztere, dass er gar mit dem legitimen Dey von Algier in Parallele gesetzt wird. Ob letzterer Vergleich zutrifft, kann ich nicht beurtheilen. Denn ich habe weder die Biographie des Dey von Algier, noch die des Prinzen Friedrich studirt. Was ersteren anlangt, so ist der Graf Bismarck nicht von dem Schicksal des Herrn von Polignac ereilt worden, sondern er steht dermalen als oberster Beamter an der Spitze des deutschen Reiches in einer Stellung, welche die des weiland Reichs-erz-Kanzlers, die der jeweilige Kurfürst und Erzbischof von Mainz bekleidete, weit überragt. Von der Parallele zwischen König Wilhelm, dem Kaiser der Deutschen, auf der einen und Karl dem Zehnten von Frankreich auf der anderen Seite, und von der phrasenhaften Glorifizirung der Franzosen auf Kosten Preussens und Deutschlands, kann man natürlich heute, fünf Jahre nachdem Gervinus seine Weissagung schrieb, nicht mehr reden, ohne allgemeine Ausbrüche stürmischer Heiterkeit zu provoziren.

In der That, es ist traurig, dass bei einem Gelehrten von solcher Bedeutung, bei einem Manne von so redlichem Wollen und so fester Ueberzeugungstreue der schäumende Wein der politischen Begeisterung so sehr in Essiggährung übergehen konnte, dass er die Gegenwart nun schon seit beinahe zwanzig Jahren beharrlich nur in falschem Licht sieht. Es beweist das aber wenn es dafür überhaupt noch eines Beweises bedürfte, erstens, dass mit der blossen Begeisterung nichts zu machen ist, zweitens, dass man ein sehr grosser Gelehrter und doch ein herzlich schlechter Politiker sein kann, und drittens, dass sich die Weltgeschichte nicht *ex cathedra* meistern lässt, auch nicht von dem Gelehrtesten der Gelehrten.

Ich glaube jedoch, dass die Verstimmung des Herrn Gervinus keineswegs lediglich darauf beruht, dass die Weltgeschichte nun schon so lange seinen Weisungen und Weissagungen einen hartnäckigen Widerstand leistet, sondern dass die Quellen derselben doch zum Theil noch tiefer liegen, nämlich in Anschauungen, welche ein Product unserer territorialen Vergangenheit sind, und welche wir noch überwinden müssen, wenn wir weiter vorwärts wollen; und da diese Anschauungen noch von Vielen theils bewusst, theils unbewusst getheilt werden, so hoffe ich, man erlaubt mir, in einem Schlussartikel noch einmal darauf zurückzukommen.

3.

Es hat von jeher in Frankreich eine kleine „stille Gemeinde" gegeben, welche frei von der Selbstüberhebung und Selbstvergötterung der übrigen Franzosen, ernstlich bemüht war, auch die Zustände anderer Nationen zu studiren, um mit diesem Maasstab versehen die Lage ihrer eigenen Nation zu messen. In neuester Zeit ist es namentlich Eduard Laboulaye, welcher seinen Landsleuten mittelst seiner Studien vergleichender Völkerpsychologie einen Spiegel vorgehalten und Lehren ertheilt hat, deren Beachtung heilsam gewesen wäre. Die Jünger dieser „stillen Gemeinde", von welcher im Interesse Frankreichs bedauert werden muss, dass sie bis zur Gegenwart klein geblieben ist und nicht den nöthigen Einfluss erlangt hat, beschäftigten sich mit besonderer Vorliebe auch mit Deutschland, nicht nur mit seiner Wissenschaft und Kunst, sondern auch mit seiner Politik und mit seinen öffentlichen socialen Zuständen im Innern.

In demselben Heidelberg, von wo aus jetzt G. G. Gervinus seine Manifeste gegen die deutsche Einheit erlässt, weil sie zu Stande gekommen ist auf einem anderen Wege, als auf dem vor zweiundzwanzig Jahren von ihm und seinen Freunden empfohlenen und gänzlich unpraktikabel befundenen, in demselben Heidelberg lebte vor etwa vierzig Jahren ein junger Franzose, der sich nicht damit begnügte, dass in Deutschland die gebildeten Klassen und ausserdem auch die Oberkellner und Hausknechte französisch verstehen, und er sich also mit diesen in seiner Muttersprache unterhalten konnte, sondern mit Eifer und Erfolg das der wälschen Zunge so schwierige Deutsch lernte und es in wenig Jahren so weit brachte, dass er damals schon über die politischen Zustände Deutschlands und den nothwendigen Verlauf ihrer Entwicklung ein richtigeres Urtheil hatte, als es 1870 ein deutscher Gelehrter ersten Ranges offenbarte, der nicht nur die Geschichte der deutschen Dichtung und der deutschen Politik geschrieben, nicht nur die Religion, mittelst des Deutschkatholizismus und die Tonkunst mittelst der ausschliesslichen Vokalmusik zu reformiren, sondern auch eine hervorragende Rolle auf dem Gebiete der praktischen Politik zu spielen versucht hat. Dieser junger Franzose — er hiess Edgar Quinet — schrieb vor 37 oder 38 Jahren folgendes über Deutschland:

„Wir Franzosen stellen uns höchst irriger Weise dieses Deutchland von Heute noch immer in der nämlichen Art vor, wie es uns vor mehr als einem Vierteljahrhundert Madame de Staël-Holstein geschildert, nämlich als ein Land ewiger unklarer Extase; als ein Volk, das ewig träumt, dessen ganzer Geist in der Idee des Unendlichen versenkt ist, das sich einer Wissenschaft ergeben hat, die ewig am Suchen bleibt und niemals zu einem Resultate gelangt; in der Jugend nichts als romantische Duselei, enthusiastische Schwärmerei für Alles und Jedes, selbst für die entgegengesetztesten Dinge; daneben die Selbstverleugnung des Pietismus, das Aufgeben jeden politischen Einflusses, die Befriedigung in einem mystischen Wohlbehagen; beständiges Brüten der religiösen Sekten, ein patriarchalisches Leben; Schicksale, die geräuschlos dahinfliessen wie die Wasser des Rheins oder der Donau; aber nirgends ein Mittelpunkt, nirgend ein gemeinsamer Wunsch, ein gemeinsamer Wille, eine nationale Kraft. Aber es hat sich das Alles geändert. Man will von der Philosophie nichts mehr wissen, aus Furcht, noch einmal dem Reiz des beschaulichen Lebens zu verfallen. Deutschland hat den Sarkasmus wiedergefunden, seine eigenen Träume zu verspotten. Von dem alten Glauben, der Entsagung, der Sammlung, der Sorglosigkeit in politischen Dingen, ist nicht mehr die Rede. Namentlich in Preussen hat die alte kosmopolitische Unparteilichkeit einem reizbaren Patriotismus Platz gemacht. Die alten Demagogen haben mit der Staatsgewalt Frieden geschlossen. Beim ersten Anblick wundert man sich, wie die einzig populäre Regierung in Deutschland diejenige ist, welche die despotische Form beibehalten hat. Aber dieser Despotismus ist intelligent, ehrgeizig, unternehmend: er verliert keinen Augenblick die Bestimmung Deutschlands aus den Augen; er will es geistig umstricken, ehe er es politisch an sich nimmt. Er hat Ideen, Systeme, eine Philosophie, eine Wissenschaft. Er vereinigt die sicherste Praxis mit dem höchsten Idealismus.

„Zwischen dem Volke und der Regierung besteht ein geheimes Einverständniss, die Sache der Freiheit zu vertagen und gemeinsam am Wachsthum der Macht Friedrichs des Grossen zu arbeiten. Der Hauptgrund, warum die konstitutionelle Freiheit keine erheblichen Fortschritte in Deutschland gemacht hat, liegt darin, dass sie unter den Bedürfnissen des Landes nicht in erster Reihe steht. Diese Lokalfreiheiten, nach allen Seiten hin durch die Grenzpfähle dieser oder jener grossherzoglich-kleinfürstlichen Souveränetät eingezwängt, können nur dann bestehen und sich entwickeln, wenn sie zur Grundlage die politische Einheit Deutschlands haben. Die Einheit, das ist der tiefe, der unausgesetzte, der unvermeidliche, der nothwendige Gedanke, auf dessen Entwicklung Alles hindrängt.

„Nach der Literatur war die Hauptmacht, welche an der Einheit Deutschlands arbeitete, Napoleon. (Napoleon I. hat begonnen uns diesen Dienst zu leisten, Napoleon III. hat ihn vollendet. K. Br.) Jahrhunderte lang getrennt, wurden die Völkerschaften durch das plötzliche Eintreten eines gemeinsamen Elends vereinigt, der ganze Stamm fand eine gemeinsame Geschichte wieder. Mit seinem Zögern, seinem ziel- und planlos umherirrenden Weltbürgerthum, mit der Zerstückelung seines Gebiets und seines Denkens, bedurfte Deutschland der eisernen Hand eines Napoleon, um es zusammenzupressen, es in seine Schranken zu drängen, es zu lehren, dass es sich endlich in den Grenzen eines lebendigen Organismus sammeln müsse.

„Die Julirevolution hat abermals Hand an das Werk der Einigung Deutschlands gelegt. Wenn in jedem einzelnen Duodezstaatchen die Monarchie durch die Stände unterwühlt sein wird, so werden diese ephemeren Souveränetäten sich friedlich in den Schooss eines nationalen Gemeinwillens versenken, um dort Schutz zu finden gegen ihre häuslichen Nagethierchen. In diesen kleinen Staaten bricht sich der deutsche Geist bei jedem Schritt kläglich an den territorialen Mauern, die ihn von allen Seiten umschränken; der Widerspruch zwischen der Grösse der deutschen Ideen und der Kleinlichkeit der Verhältnisse, auf welche sie angewandt werden sollen, zwischen dem grossen Gedanken und dem engen Raum ist zu gross geworden, um länger dauern zu können; der politische Ehrgeiz erstickt in der Enge dieser Kleinstaaten. Seitdem die Verfassungen politischdenkende Bürger hervorgebracht haben, fehlt es blos an einem politischen Vaterland. Darum fügt sich der ganze Stamm der Leitung eines Staates, nicht wegen seiner höheren Bildung, sondern wegen seiner grösseren Aktionskraft, seiner grösseren Ambition, seiner grösseren Geschäftskenntniss: in ihm sieht er den Träger seines Ehrgeizes, seiner Wünsche, seines Ruhms."

So schrieb Edgar Quinet im Jahre 1832 oder 1833.

Ich glaube, es wirkt drastischer, als lange Deduktionen wenn ich den französischen Studenten von 1832 und den deutschen Gelehrten von 1870 einfach nebeneinander stelle. Wenn der erstere schon vor acht und dreissig Jahren über deutsche Dinge richtiger geurtheilt hat, als der letztere heute, so ist das weniger sein Verdienst, als sein Glück. Er sieht vermöge seiner Geburt und Erziehung schon damals mit dem Auge eines Angehörigen des Grosstaats. Gervinus aber sieht noch heute keineswegs, wie er sich einbildet, mit dem „Auge der Geschichte", sondern mit dem Auge eines Angehörigen des grossherzoglich hessendarmstädtischen Kleinstaates, in welchem er zu Hause ist. Gerade wie sein berühmter Darmstädtischer Landsmann, Freiherr Heinrich von Gagern, den seiner Zeit die deutsche Nation geehrt hat, wie kaum einen Zweiten, schliesslich dazu zurückgekehrt ist, die Ideen des Herrn von Dalwigk bei dem Wiener Hof und in dem „Hause der Gemeinen" des besagten Grossherzogthums zu vertreten. Ich rechne Niemand zur Schuld an, was nur sein Verhängniss ist. Jeder von uns, der in der neueren Zeit die französischen Provinzen bereist hat, kann sich des Eindrucks kaum erwehren, dass dieses Land, obgleich seine Bevölkerung, namentlich die bäuerliche, der unsrigen an Intelligenz, Fleiss, Ausdauer, Geschick und Sparsamkeit unendlich weit nachsteht, uns in wirthschaftlichen Dingen vielfach voraus ist; und wenn wir nach der Ursache forschen, so finden wir sie schliesslich nur darin, dass es sich schon seit langer Zeit der wirthschaftlichen Einheit, welche identisch ist mit der wirthschaftlichen Freiheit, erfreut, während bei uns bis vor Kurzem der ökonomischen Entwicklung überall Territorialschranken, Grenzpfähle, Schlagbäume und Binnenzölle, für Menschen wie für Waaren, im Wege standen, und noch im December 1870 die bairischen Vorbehalte dafür gesorgt haben, dass dergleichen missständige Antiquitäten selbst „im neuen Reich" nicht ganz aussterben. Aus ähnlichen Gründen kann es denn ausnahmsweise wohl kommen, dass auch einmal ein junger Franzose richtiger sieht, als ein alter Deutscher, und zwar in einer deutschen Frage.

Gervinus ist der Repräsentant des alten Liberalismus (nicht Alt-Liberalismus) von Deutschland, des Liberalismus der Kleinstaaten, welche „konstitutionell" waren, während Preussen beim Absolutismus verharrte. Preussen aber ist seit zweiundzwanzig Jahren in die Reihe der Verfassungsstaaten eingetreten; und bei ihm ist die Verfassung eine Realität geworden, während sie bei den Kleinstaaten eine Fiktion war. Denn wie kann man im Ernste daran denken, für ein Ländchen, für das eine gute Provinzial-, Kreis- oder Städteordnung vollkommen hinreicht, eine Verfassung nach englischem Zuschnitte, etwa gar mit „zwei Häusern" und „konstitutioneller Theilung der Gewalten", während doch von irgend einer Macht oder Gewalt gar keine Rede sein kann, aufzurichten und durchzuführen?

Unser Liberalismus ist im Begriffe, sich aus dem hessen-darmstädtischen, nassauischen, frankfurtischen, badischen, kurhessischen, bairischen u. s. w. Liberalismus in den deutschen Liberalismus umzugestalten; und das ist es, was ihm die Herren, welche an dem Standpunkte der dreissiger und vierziger Jahre festhalten, nicht verzeihen können. Nun ist es ja wahr, dieser Uebergang ist schwierig, und es werden, während er bewerkstelligt wird, auch Missgriffe begangen. Allein er ist unvermeidlich.

Es wäre ein grosses Verdienst, einmal eine aufrichtige und wahrhafte Geschichte des süd- und westdeutschen kleinstaatlichen Liberalismus und seines Verhaltens zu Preussen zu schreiben. Das letztere hat oft und seltsam gewechselt. Unmittelbar nach der Julirevolution, welche die meisten deutschen Kleinstaaten in eine fieberhafte Aufregung versetzte, war bei der liberalen Bevölkerung dieser Staaten die Hegemonie Preussens sehr populär. Preussen sollte konstitutionell werden, es sollte sich dann an die Spitze der übrigen kleinen Staaten stellen, welche bereits konstitutionell waren. Das war noch geraume Zeit nach der Julirevolution der Lieblingswunsch der Liberalen. Allein

Preussen, damals noch in einer Verbindung mit Oesterreich und Russland, welche ihre defensive Spitze gegen Frankreich richtete, konnte diesem Wunsche zur Zeit noch nicht entgegenkommen. Der kleinstaatliche Liberalismus, für welchen nur innere Fragen existirten, während er in europäischen Angelegenheiten einer poetisch - sentimentalen Stimmungspolitik folgte, fasste die Zurückhaltung Preussens als Böswilligkeit, ja als Beleidigung auf: und als Preussen zur Bewältigung des polnischen Aufstandes Russland die Hand bot, verwandelte sich die bisherige Liebe in den bittersten Hass. Denn die Polen waren die erklärten Lieblinge des südwestdeutschen Liberalismus. Derselbe liess sich auch durch die Gründung des Zollvereins durchaus nicht versöhnen vielmehr war es überall die liberale Opposition in den Landtagen, die den Anschluss auf das Lebhafteste bekämpfte, jedoch nur um auch hier ihre Ohnmacht zu zeigen. Denn sie wurde durch die Macht der Dinge bewältigt. Das dauerte so bis in den Anfang der vierziger Jahre, wo das Geschrei der Franzosen nach dem linken Rheinufer wieder die nationale Stimmung erstarken, und in Folge dessen Preussen in den Vordergrund treten liess.

Diese Stimmung war im Wachsen bis achtundvierzig. Die Einheitsbewegung dieses Jahres war am fühlbarsten in den Kleinstaaten, weil diese die Leiden der Zerstückelung am lebhaftesten fühlten. Die Bevölkerung Preussens hielt ihre Blicke mehr auf die Berliner, als auf die Frankfurter Nationalversammlung gerichtet. Das Vor-Parlament in der Paulskirche bestand überwiegend aus Kleinstaatlern und das Parlament beging sofort den ächt kleinstaatlichen „kühnen Griff", richtiger Missgriff, einen österreichischen Erzherzog, von welchem damals ein apokryphes geflügeltes Wort: „Kein Oesterreich, kein Preussen!" umlief, die Aufgabe der Gründung des deutschen Nationalstaates in die Hände zu legen, und zwar auf Antrag desselben Führers, welcher damals schon für die preussische Spitze schwärmte.

Als das Werk von 1848 scheiterte, musste man natürlich wieder einen Sündenbock haben. Denn dass man selbst die gröbsten Fehler gemacht hatte, durfte man doch nicht eingestehen. Die Misstimmung gegen Preussen, um nicht zu sagen der Hass, wuchs darauf wieder zu derselben Höhe, wie in der Mitte der dreissiger Jahre, und die Peripetie trat erst in Folge der Ereignisse von 1859 ein, welche das deutsche Nationalgefühl wieder erweckten. Das Weitere weiss Jeder.

Die Verdienste des südwestdeutschen Liberalismus sind bekannt und schon häufig besungen. Es ist daher wichtiger und nöthiger, einmal von seinen Schwächen und Fehlern zu reden. Es gilt diese zu überwinden. Denn zum Theil kleben sie dem deutschen Liberalismus überhaupt noch ein wenig an.

Gervinus nun, welcher von den Ereignissen in der Paulskirche und von dem, was Gutes und Schlechtes daraus hervorging, sagen kann „*et quorum pars magna fui*", hat die Idiosynkrasie von 1850 nicht überwinden können. Was bei Anderen eine vorübergehende und subjectiv betrachtet, auch nicht unberechtigte Stimmung war, ist bei ihm zum Dogma versteinert. Dieses Dogma lautet nun ein für allemal: „Preussen ist der Sündenbock; es ist nicht meine Wege gewandelt und folglich wandelt es seitdem nur noch auf bösen Wegen."

Gervinus sagt: „Das kleinstaatliche Deutschland hat 1848 Preussen die Hand dargeboten, sie ist empfindlich zurückgeschlagen worden". Er vergisst aber alle die „erschwerenden Umstände": den österreichischen Erzherzog, die Fehler der Reichsverfassung von 1849, welche in der Uniformirung und Centralisirung theils viel zu weit ging, wie in der Gesetzgebung, und theils nicht weit genug, wie im Militärwesen, die Versäumung des richtigen Moments durch langsame und schwerfällige Arbeit, die Opposition der Mittelstaaten, deren zweideutige und zuletzt offen österreichische Politik u. s. w. Er sagt: „Auch 1866 haben diese Staaten Preussen die Hand geboten." Diese Thatsache ist mir neu. Ich habe 1866 in diesen Staaten gelebt und dort mitten in der aktiven praktischen Politik gestanden. Ich habe dort allerdings mancherlei Hände gesehen. Aber sie streckten sich nicht Preussen freundschaftlich entgegen, sondern waren bereit, dasselbe zu zertrümmern und zu theilen. Allerdings winkten sie einladend, aber es war nach der französischen, und nicht nach der preussischen Seite. Doch, sprechen wir nicht mehr von dergleichen hässlichen Dingen. Es sei zwischen Deutschen das Kriegsbeil auf ewig begraben; sogar mit Inbegriff der „nächtlichen Axt" des Stuttgarter „Beobachters".

Das langerstrebte Ideal ist Realität geworden. Die letztere entspricht nicht in Allem der ersteren. Die Freiheit, die man täglich und stündlich erkämpfen muss, gleicht allerdings nicht jener unbestimmten, nebelhaften, ätherischen Freiheit, von welcher Max von Schenkendorf singt:

> „Freiheit die ich meine,
> Die mein Herz erfüllt,
> Komm mit deinem Scheine,
> Süsses Engelsbild.
> Magst dich nicht mehr zeigen
> Der bedrängten Welt?
> Führest deine Reigen
> Nur am Sternenzelt?"

Aber, wo in aller Welt hat sich jemals Idee und Erscheinungsform vollständig gedeckt? Sollten wir uns deshalb von der Freiheit wieder scheiden lassen, weil bei ihr als Frau einige kleine Mängel zu Tage treten, welche bei der Braut nicht bemerkt waren? Gervinus will, dass wir da wieder anfangen, wo wir 1849 aufgehört haben. Seltsame Menschen, diese „legitimistischen" Liberalen! Als wir damals an die entscheidende Strecke des Wegs kamen, da hatte der Sturm und die Fluth dieselbe weggeschwemmt.

Wir standen vor einem Abgrund, wir müssten umkehren. Jetzt hat ein kühner Ingenieur mit einem enormen Aufwand an Arbeit, an Thatkraft, an Genie, den Abgrund überbrückt; und nun sollen wir sagen: „Nein, auf diese Brücke trete ich nicht, ich stelle mich an den abgeschwemmten Weg, und warte, bis ihn der Sturm wieder anschwemmt?"

Bei einem Manne von der Grösse und dem Geiste eines Gervinus würde man eine solche Erscheinung geradezu für unmöglich halten, wenn man sich nicht an die Vorgeschichte der deutschen Gelehrsamkeit erinnerte, welche während unserer theologisch-scholastischen Periode grossentheils aus eitel Streitsucht und Klopffechterei bestand. Niederschläge davon existiren auch heut noch. Wenn man in England sagt: Der König kann nicht Unrecht thun, so könnte man in Deutschland sagen: Der Gelehrte kann nicht Unrecht haben.

Der „seelige" Stahl sagte: „Die Wissenschaft bedarf der Umkehr." Gervinus sagt: „Die Weltgeschichte bedarf der Umkehr." Und Unrecht haben sie Beide.

Berlin, den 6. Januar 1871.          Karl Braun.

## II.
## Klage-Beantwortung von G. G. Gervinus.

Obige Artikel waren in der Nationalzeitung vom 7. Januar 1871 und folgenden Tagen erschienen.

In Folge dessen publizirte Herr G. G. Gervinus in Num. 17 der Augsburger „Allgem. Zeitung" vom 17. Januar 1871 unter dem Titel „eine Nachschrift zu einem Vorwort" folgendes, an die Redaction des genannten Blattes gerichtetes Sendschreiben:

Heidelberg, im Januar 1871.

Sie (die Redaction der Augsb. Allgem. Ztg.) haben dem Vorworte zu der neuen Auflage meiner Dichtungsgeschichte einen Platz gegönnt; ich hoffe dass sie auch dieser Nachschrift die Aufnahme nicht versagen werden.

Man bringt mir die „Nat.-Ztg." vom 7 d. M. worin ein Angriff auf mein Vorwort von einem vielgenannten Herrn aus Wiesbaden enthalten ist. Mit den Widerreden gegen meine politischen Andeutungen habe ich nichts zu thun; der Autor wäre auch unter den Allerletzten, mit denen ich politische Weisheit pflegen möchte. Selbst auf die dreiste Frage: „Wer und was mir das Recht gebe zu sagen, W. Grimm, J. Grimm, F. C. Dahlmann urtheilten über die Ereignisse (neuester Zeit) so und so" — eine Frage deren Beantwortung ich nicht füglich verweigern dürfte — würde ich ihm als einem wenigst dazu Berechtigten und Berufenen die wenigste Lust haben eine Erwiderung zu geben. Aber er beruft sich auf Berufnere; es sollen „tausende und darunter die nächsten Angehörigen und Freunde dieser der Nation theueren Männer, die ihnen vielleicht denn doch noch näher gestanden als ich, glauben, ja geradezu wissen, dass sie eine ganz andere Anschauung hatten als die, welche ich aus meiner individuellen Verstimmung heraus ihnen aufoctroyire". Ob es wirklich solche nächste Angehörige und Freunde gebe? ob sie gar den Schreiber der „Nat.-Ztg." zu ihrem Sprecher gegen mich erkoren hätten? Ich kann es nicht wissen, und ich werde es nicht glauben. Aber da die Sache doch zur Frage steht, ihnen will ich, auch wenn sie nicht gefragt hätten, Rede stehen.

Die Worte, die ich jenen stummen Todten, zum Verdrusse der lebenden Tonangeber, in den Mund gelegt, sind nur von zweien derselben behauptet. Wilhelm Grimm besass eine viel zu reinliche Seele, als dass er je eine Neigung hätte haben können, in dem trüben Wasser der Politik zu baden.

Was Jacob Grimm angeht, so will ich nicht von Worten und Briefen berichten, die unter uns gewechselt worden sind; ich könnte sie mit meiner „individuellen Verstimmung" verfärben. Ich will für heute nur einen längst gedruckten Satz von ihm wiederholen, welcher dem Vorstehenden völlig genug sagt. Er schrieb am 26. Nov. 1859 an Franz Pfeiffer wie folgt: „Den Sommer machte mich der traurige Krieg und der unselige Friede beklommen. Alle deutschen Hoffnungen sind dadurch heruntergekommen, und das Verhältniss Oesterreichs zu uns ist wieder viel unsicherer geworden. Die Hoffnung soll man festhalten; doch wie getrübt liegt der Schluss meines Lebens vor mir, der ich als Jüngling und im Mannesalter mich immer dem freudigsten Glauben an die Grösse des Vaterlandes hingegeben habe. Ich brauche nichts mehr zu sagen". Ueber jenen Krieg von 1859 dachten damals sehr viele gute Patrioten anders als Jacob Grimm, die es nicht für Deutschlands Pflicht ansahen, die Sünden, die Oesterreich in Italien ohne Deutschland begangen mit ihm auszubüssen. Aber wenn jenes deutscheste aller deutschen Herzen schon diesen Krieg und Frieden von 1859 traurig und unselig nannte, der Oesterreichs Verhältniss zu uns nur unsicherer machte — hätte der Mann weniger, als ich ihn sagen liess, von dem Bürgerkrieg von 1866 gesagt, der das Verhältniss Oesterreichs zu uns zerriss? und von dem Frieden der seine Trennung von uns so sicher als möglich gemacht? Von dem Frieden, der die Hoffnung zertrümmerte, welche der weitherzige Vaterlandsfreund, der aus der deutschen Familie keine Seele missen wollte, noch festgehalten hatte? der seinen freudigen Glauben an die Grösse des Vaterlandes, wie er sie sich gedacht, zerstörte? Und das wäre immer und erst der eine Krieg und der eine Friede mit Oesterreich gewesen! Was würde er vollends zu den anderen Kriegen und Friedensschlüssen, was gar zu der Niederwerfung von fünf selbständigen Staats- und Stammkörpern in dem übrigen Deutschland gesagt haben! Dieser Erforscher des Alterthums war kein politischer Rechner und Klügler; nur um so stärker und gesunder war in ihm das instinctive Gemeingefühl, in dem er als ein lebenvollstes Glied an dem deutschen Volkskörper empfand was aus dessen Natur und wider seine Natur war. Ihm war die ganze Vergangenheit unseres Volks- und Staatslebens in Geist und Seele eingeprägt, und er hätte der politischen Weisheit gespottet, die von einem Luftzug des Tages erwartet, ein Gebäude der Jahrtausende verweht zu sehen. Ich habe in diesem Mann, ehe das Jahr 1866 eine Verstimmung in mir erzeugen konnte, die herrliche Doppelkraft der Vaterlandsliebe öffentlich gepriesen, dem (wie jedem Schweizer und Amerikaner) der Missgedanke undenkbar gewesen wäre, „der Millionen Deutschen in ihrer politischen Gedankenlosigkeit und Verkommenheit arglos geläufig ist, der Gedanke, seine Sonderheimath — um der Einheit willen, die in einer strengen Bundesverfassung zu retten ist — dem Einheitsstaate verrathen zu wollen"; ich habe vor jener Zeit gewusst und gesagt, wie bitter er dem gezürnt haben würde, der ihm sein hessisches Volksthum hätte antasten wollen, dessen unnatürlich getrennte Theile einmal wieder vereint zu sehen sein Lieblingsgedanke war, von dem er mit mir im Stillen, ja öffentlich zu sprechen sich gefiel. Was hätte er gesagt, wenn er die Antastung von 1866 erlebt hätte? Ich will viel kühneres als das Gesagte von ihm sagen. Der schon 1859 über „den getrübten Schluss seines Lebens", das traurigste gesagt hatte, der hätte nichts mehr zu sagen gehabt. Wenn der ehrwürdige Greis, hätte erleben müssen, dass man seinem Hessenvolke, das seit zweitausend Jahren mit uralten Namen auf uralten Sitzen haftet, mit einem Federstrich sein selbständiges Dasein vernichten durfte, ihm wäre das Herz gebrochen vor Jammer! Ja er muss sich — um von dem grossen Mythologen in einem mythischen Bilde zu reden — er muss sich im Grab umgedreht haben über die Abgestorbenheit alles Volksgefühls, über die stumpfe, aller geschichtlichen Erinnerung bare Gleichgültigkeit, mit der man in Deutschland dieses Ereigniss und die anderen, die es begleiteten, hingenommen, ja selbst jubelnd als Vorzeichen einer glorreichen Zukunft begrüsst hat — als ob aus dem Tode der letzten deutschen Stämme das Leben des deutschen Volkes erstehen werde!

Jacob Grimm war ein Föderalist aus der Kraft der Natur, wie es wenige sind. Dem geschichtlichen Forscher und politischen Denker Dahlmann war diese unbeirrte Sicherheit nicht verstattet. Er war in seiner Jugend zweifellos föderalistisch gewesen, wie es noch 50 Jahre später so gut wie jeder unter uns war. Einmal in der Kraft seiner Jahre schrieb er ein echtestes Programm des durchgohrensten föderalistischen Bekenntnisses, indem er sich über den recht eigentlich fragentscheidenden Moment in der deutschen

Geschichte erklärte: als er, die Spaltung Deutschlands beklagend, die durch die Reformation noch Zuwachs bekommen, doch den Geist aus dem die Reformation hervorging, werther und theurer nannte als schmerzlich selbst die Uebel der Spaltung. Ueber den Erlebnissen von 1837 und den Hoffnungen von 1848 aber war Dahlmann unitarisch geworden. In Frankfurt, wo 1848 jede, auch die kühnste, Meinung den ungehemmtesten Lauf, wo die republikanische Meinung eine offene starke Vertretung hatte, fand er niemanden der seine Gedanken und Wünsche auf etwas anderes als eine Bundesform gerichtet hätte, keinen gewiss der für einen Einheitstaat geredet hätte; denn so wie heute die föderalistische, so war damals die unitarische Meinung kaum bei irgend jemandem, kaum mit bewaffnetem Auge zu entdecken. Auch selbst Dahlmann, der seiner politischen Ansichten wahrlich sonst kein Hehl zu haben pflegte, selbst ihm wäre das Geständniss seines zeitweiligen Unitarismus kaum abzuringen gewesen. Als er nicht viel später, im Berliner Herrenhause sitzend, die Hebel der preussischen Staatskunst in der Nähe kennen lernte, begann er getäuscht wieder „im Particularismus Studien zu machen." Im Jahre 1866 hätte er seinen Unitarismus verwünscht, und wäre zu sich selbst und seiner ersten nätürlichen Sinnesart zurückgekehrt. Er hatte 1848 — nur wenige mögen davon wissen — den Fürsten von Hohenzollern zugerathen ihre Ländchen von Preussen annectiren zu lassen; wenn er später die Speculationen der depossedirten Herren auf Rumänien und Spanien erlebt hätte, wie möchte er sich auf die Zunge gebissen haben! Kein vaterländischer Mann war je für Deutschlands Grösse und Macht in so verdichteter Gluth entbrannt wie dieser. Aber schon von den allerersten Zettelungen zum Raube der Elbherzogthümer an hätte er sich von der Machtpolitik der neuen Aera innerlichst losgesagt, und wäre durch keine militärischen Glorien mit ihr ausgesöhnt worden. Ich habe die volle Ueberzeugung, dass

Dahlmanns Biograph, der zwar mit seinen Hoffnungen zu dieser neuen Aera steht, aus den Urkunden und Thatsachen in dessen Leben zu keinem anderen als diesem meinem Urtheil kommt; von Dahlmanns einem nächsten Angehörigen „glaube ich, ja weiss ich," dass er ihm nicht widersprechen wird. Ich habe mit den zwei einzigen deutschen Historikern der vorigen Generation, die eine lebendige Beziehung zu der politischen Gegenwart Deutschlands hatten, in gleich intimem Austausch politischer Gedanken gestanden, mit Dahlmann und Schlosser. Der letzere hatte sich in politische Praxis niemals eingemischt, weil er Machiavelli's Ansicht war, dass, wer sich sittlich rein erhalten wolle, sich ganz von ihr fern halten müsse; des ersteren Ehrgeiz war durch sein ganzes Leben, den Geschichtsforscher mit dem praktischen Staatsmann zu vereinigen: denn er widersprach Machiavelli's politischen Maximen in dem stärksten Gegensatze. Er hatte zu jeder Zeit in den schneidendsten Bekenntnissen alle Trennung von Sittlichkeit und Politik verschworen; er hatte den Staat „als eine Erfindung des Verderbens für die Menschheit ansehen wollen" wenn er in seinem Glauben an die Möglichkeit einer ethisch zu rechtfertigenden Staatskunst je beirrt werden sollte. Der weiss von Grundsätzen nichts, der diesen charakterstarken Mann für fähig hielte sich den Chören der abgefallenen politischen Lichtträger und Freiheitshelden zugesellt zu haben, die 1866 plötzlich, zum Wohlgefallen ihrer kaum bekämpften Gewalthaber, zum Theilsitz auf dem Herrscherthron der Machtpartei hinauffielen! Der weiss nichts von Selbsttreue, der diesen in sich gewiss höchst einheitlichen Mann für fähig hielte sich einer Staatskunst je zur Seite gestellt zu haben, neben deren Zwecken und Mitteln die verrufensten Theorien des Italieners, der die Politik grundsätzlich von den Gesetzen der Sittlichkeit frei sprach, wieder sittlich erschienen!

Aber schon bin ich dabei, von einem grossen Todten in seiner Zusammenstellung mit den grossen Lebenden die paradoxesten Dinge auszusagen, denen andere „vielleicht denn doch" näher Kundige gleichfalls, offen und öffentlich, widersprechen werden. Man würde gerade nicht viel Herausforderung nöthig haben, um mich auch darüber zur Rede zu bringen. Nur müsste das siegprangende Deutschland erst so viel Rede-Freiheit und Möglichkeit haben, wie das verzweifelte und niedergeworfene Frankreich.

Gervinus.

## III.
## Replik-Schrift, von K. Braun.

Herr G. G. Gervinus hat meiner Besprechung seiner Vorrede zur neuesten Auflage der „Geschichte der deutschen Dichtung" (National-Ztg.") vom 7. Januar u. ff.) eine Erwiderung gewidmet, welche in der Beilage zu Nr. 17. der Allg. Ztg. unter dem Titel „Eine Nachschrift zu einem Vorwort" publicirt ist. Die Art, wie er mich darin behandelt, verräth einen nicht unerheblichen Grad übler Laune. Wenn ich an Nervenschwäche oder sonstiger Reizbarkeit litte, oder wenn ich, statt von der Parteien wildem Gewoge, nur von anbetenden Bewunderern umgeben wäre *(quod deus avertat!)*, so würde ich vielleicht der Gefahr ausgesetzt sein in eine gleiche Tonart zu verfallen, welche ja bekanntlich stets ihr dankbares Publicum findet. Glücklicherweise existiren solche Voraussetzungen nicht. Ich werde daher, obgleich entschiedenster Gegner in der Sache, nicht Krieg gegen die Person führen, und unter keinerlei Umständen die Achtung beiseite setzen, welche ich vor den wissenschaftlichen Verdiensten Gervinus hege, und der ich auch in jener Besprechung in der „National-Ztg." Ausdruck gegeben habe, welche Besprechung, wie es scheint, seinen Zorn ein wenig erregt hat. Zufällig kam mir dieser Tage eine Streitschrift wieder zur Hand, welche Gervinus vor vielen Jahren unter dem Titel „Historische Briefe, veranlasst durch Heeren und das Archiv von Schlosser und Bercht" (Hadamar und Weilburg 1832, Druck und Verlag von Ludwig Emil Lanze), anonym gegen seinen Göttinger Collegen, den Professor Heeren, den verdienstvollen Verfasser der „Ideen über Politik, Verkehr und Handel der alten Welt", veröffentlichte. Diese Streitschrift trägt als Motto die Worte des heiligen Hieronymus: „Nicht ich antworte dir, sondern die Sache der Sache." Heeren, damals schon ein alter Herr von 72 Jahren — ich lernte ihn ungefähr acht 8 Jahre später in Göttingen kennen, und erinnere mich heute noch gern des ehrwürdigen Greises — Heeren und seine Freunde meinten zwar: der scharf polemische Inhalt der Broschüre entspreche wenig dem heiligen Motto. Ich will dies hier jedoch nicht untersuchen, sondern beschränke mich auf die Versicherung, dass ich meinerseits mich bemühen werde, der Vorschrift des heiligen Hieronymus gerecht zu werden. Doch zur Sache!

Zunächst ist es nöthig den Stand der Streitfrage zu constatiren. Weit entfernt die von anderer Seite in Zweifel gezogenen wissenschaftlichen Verdienste von Gervinus irgendwie zu bestreiten, habe ich, nicht anonym, sondern *more solito* mit offenem Visir kämpfend, den Beweis zu führen gesucht, dass Herr Gervinus schon seit langen Jahren, sobald er das Gebiet der praktischen Tagespolitik betritt, in seinem Urtheil irrt, und dass von seinen politischen Prophezeiungen stets das Gegentheil eintritt. Hiegegen ist seine Erwiderung nicht gerichtet.

Ich glaube sonach berechtigt zu sein zu der Annahme, dass der grosse Gelehrte der von mir aufgestellten Behauptung des Hanges zu falschen Prophezeiungen geständig ist. Andernfalls könnte ich die bereits aufgeführten um eine lange Reihe vermehren.

Unter den vorliegenden Umständen will ich mich auf

eine einzige beschränken. Eine Reihe glaubhafter und bekannter Männer, deren Namen zu nennen ich eintretenden Falles ermächtigt bin, versichern: Herr Gervinus hat nicht einmal, sondern Dutzende Mal öffentlich und Jedem, der es hören wollte, und zwar noch kurz vor dem Kriege von 1870, erklärt:

„Louis Napoleon ist für Deutschland der zweite Gustav Adolf. Wie letzterer uns im sechszehnten Jahrhundert von dem spanisch-habsburgischen Despotismus befreit und uns die religiöse Freiheit wieder gegeben hat, so wird Jener (Napoleon III.) uns im neunzehnten Jahrhundert von dem slawisch-preussischen Absolutismus befreien und uns Deutschen die politische Freiheit wieder geben, welche wir 1866 verloren haben."

Ich vermuthe sogar, Herr Gervinus war bereits beschäftigt, über dieses Axiom eine „Einleitung" oder ein „Vorwort" oder ein „Nachwort" oder eine „Prophetie", wie die für den Deutschkatholizismus, oder jene gegen die Instrumentalmusik, zu schreiben; und wir würden uns jetzt des Genusses dieses Werkes erfreuen, wenn nicht in Folge der „affenartigen Geschwindigkeit" unserer Soldaten die Ereignisse allzuschnell eine Wendung genommen hätten, welche mit dem von dem Herrn Professor a priori construirten geschichtsphilosophischen System in diametralem Widerspruch steht.

Ohne Zweifel wird nun Herr Gervinus wieder auf der Meinung beharren, dass unser deutsches Heer, und dass die Weltgeschichte Unrecht hat, sein unfehlbares System aber Recht. Denn die „Sterne lügen ja nicht"; und Herr Gervinus ist doch unzweifelhaft ein Stern erster Grösse.

Gegen eine solche geistige Potenz können grob materielle Dinge, wie Kanonen, Gewehre und Bajonnette nicht aufkommen. Wenigstens scheint er dies zu glauben, obgleich der grosse Krieg zwischen Deutschland und Frankreich so recht handgreiflich den Beweis geführt hat, dass es nicht vorzugsweise auf die Beschaffenheit der Waffen ankommt, sondern auch darauf, von welchen physischen und psychischen, sittlichen und geistigen Gewalten dieselben geführt werden.

Ich erinnere mich, dass Herr Gervinus, welcher den Krieg von 1866 schlechtweg verdammte und Preussen für dessen muthwilligen Urheber erklärte, namentlich mit Emphase darauf bestand, er könne es „Preussen nie und nimmer verzeihen, dass es sich des mörderischen Zündnadelgewehrs bedient habe."

Dass er ein gleiches oder ähnliches Verdammungsurtheil auch über das Chassepot-Gewehr und über die Mitrailleusen, über den Gebrauch von gehacktem Blei und vergifteter Geschosse, über die muthwillige Tödtung und niederträchtige Verstümmlung wehrloser Verwundeten (was ja Alles in dem gegenwärtigen Kriege zur Anwendung gekommen) ausgesprochen habe, dessen entsinne ich mich nicht. Auch bezweifle ich es. Denn er schwärmt ja jetzt für die Gambetta'sche Pressfreiheit, welche eine gewisse Aehnlichkeit hat mit dem Ideal des Herrn von Thadden-Trieglaff: „die Pressfreiheit und dicht dabei den Galgen". Leo Gambetta'n, welcher der Nation ein Schloss vor den Mund legt, indem er die Gewählten absetzt und die Wahlen zur Constituante hintertreibt, welcher alle Tage ein halbes Dutzend Redacteure ohne Urtheil und Recht' einsteckt, hält Herr Gervinus für den Schutzpatron der „wahren Pressfreiheit". Derselbe Gervinus aber, als einmal gegen ihn selbst ein höchst ungefährlicher Pressprozess erhoben wurde, welcher mit einer glänzenden Freisprechung und einer noch glänzenderen Genugthuung Seitens der öffentlichen Meinung endete, — dieser nämliche grosse Gelehrte war damals so geängstigt und eingeschüchtert, dass er von dieser „Unterbrechung", von diesem „Schicksalsstosse", eine Gefährdung der Freiheit der Forschung, „eine Störung aller wissenschaftlichen Thätigkeit in Deutschland" befürchtete. —

abermals eine Prophezeiung, welche durch die glänzenden Resultate deutscher Wissenschaft während der letzten drei bis vier Lustra ihre schlagende Widerlegung gefunden, welche aber, nicht obgleich, sondern weil sie so unsäglich schief, falsch und kleinlich erscheint, wieder den Beweis liefert, welch ein „trotzig und verzagt Ding" des Menschen Herz ist, selbst ausnahmsweise auch bei den grössten Gelehrten.

Doch, verlassen wir das Gebiet der Wahrsagerei und kehren wir zurück zu dem eigentlichen Kreispunkt, um welchen sich vorzugsweise das „Nachwort zum Vorwort" dreht.

Ich hatte nämlich hervorgehoben, dass Herr Gervinus zwar mit all jenem kathedralen Aplomb, welcher einen jeden Widerspruch im voraus als schnöde Ketzerei verdammt, behauptet dass, wenn W. Grimm, J. Grimm und F. C. Dahlmann 1866 und 1870 erlebt hätten, sie seine pessimistischen Anschauungen getheilt haben würden, dass er jedoch für diese Behauptung auch nicht den entferntesten Schatten eines Beweises oder auch nur einer Wahrscheinlichkeit beigebracht hat, und dass daher wir andern bestreiten müssen, dass er ein Recht hat Geister zu beschwören, und von ihnen seine jetzige Doctrin hersagen zu lassen. Wir sind befugt, dies zu bestreiten; denn wir lieben diese drei Lehrer der Nation, und dürfen daher verlangen, dass ihr Andenken nicht in unserm Gedächtniss getrübt wird. Gervinus erklärt nun: zu einem solchen Protest halte er mich „für am wenigsten berechtigt und berufen," und er habe gerade mir gegenüber am wenigsten „Lust eine Erwiderung zu geben." Gründe für diese Auffassung führt er natürlich nicht an. Und in der That sind sie auch durchaus nicht nöthig. Denn da er unmittelbar darauf die „Erwiderung doch giebt," so hat er gewiss ganz Recht wenn er keine Gründe mittheilt, warum er die „Erwiderung nicht giebt." Prüfen wir nun den Inhalt dieser Erwiderung. Sie enthält leider nur ein einziges thatsächliches Moment, nämlich die Berufung auf einen bereits gedruckten Satz von Jacob Grimm. Dieser schreibt nämlich am 26. Nov. 1859 an Franz Pfeiffer: „Der traurige (italienische) Krieg und der unselige Friede (von Villafranca) habe ihm den Sommer verdorben, die deutschen Hoffnungen seien dadurch heruntergekommen, und das Verhältniss Oesterreichs zu Deutschland sei wieder viel unsichrer geworden." Daraus folgert denn Gervinus: Jacob Grimm würde auch den „Bruderkrieg" von 1866 und die Ereignisse die darauf folgten, namentlich die Annexion von fünf selbständigen „Stammkörpern" und die „Antastung des hessischen Volkthums," auf das heftigste getadelt haben; ja „ihm würde das Herz gebrochen sein vor Jammer, wenn er hätte erleben müssen, dass man seinem Hessenvolke, das seit zweitausend Jahren mit uralten Namen auf uralten Sitzen haftet, mit einem Federstrich sein selbständiges Dasein vernichten durfte!"

Meiner Meinung nach nun besteht zwischen Grimm's Wort von 1859, und dem was Gervinus für 1866 und für 1870 daraus folgert, nicht der geringste Zusammenhang. Grimm beklagt den Frieden von Villafranca. Welcher gute Deutsche hat diesen übereilten Friedensschluss nicht beklagt? Aber wurde dieser Friede denn geschlossen von Preussen? Nein, sondern von Oesterreich und Frankreich, und zwar gegen den Willen von Preussen, ja geradezu in preussenfeindlicher Absicht. Preussen war damals bereit, Oesterreich zu Hülfe zu eilen. Es verlangte nur, dass vorher die deutsche Frage geregelt werde — ein Verlangen das selbst der gewiss nicht preussenfreundliche französische Schriftsteller Victor Cherbuliez vollkommen begründet und gerechtfertigt findet. Oesterreich wies dieses Verlangen zurück. Es intriguirte in Frankfurt a. M., es versuchte Preussen durch den Bundestag zu majorisiren. Es verschmähte die von Preussen angebotene Hülfe eines Bundesgenossen, und verlangte von ihm die Heeresfolge eines Vasallen. Es wollte lieber eine Provinz verlieren als sich mit Deutschland und Preussen verständigen. Das ist es, was Jacob Grimm den Schluss seines Lebens trübte. Nicht gegen Preussen, sondern gegen Oesterreich ist sein Tadel gerichtet. Zwischenzeitig haben wir uns mit Oesterreich auseinandergesetzt; leider war dies nicht möglich ohne einen Waffengang. Aber stehen wir nicht heut' in einem weit klareren Verhältniss zu Oesterreich als vor zehn Jahren, da wir mit ihm um die Hegemonie in Deutschland stritten? War es nicht besser wir vollzogen erst unser Einigungswerk und boten dann erst Oesterreich die Hand, als dass wir den Dualismus aufrecht erhielten, der das Einigungswerk und folglich auch die Verständigung mit Oesterreich unmöglich machte? Wird dies nicht gerade auch von den Deutschen in der österreichisch-ungarischen Monarchie anerkannt? Hat doch erst dieser Tage die am 15. Januar 1871 zu Marburg in Steiermark abgehaltene steierische Landesversammlung der deutsch-nationalen Partei einstimmig beschlossen: „Im Augenblick ist eine verfassungsmässige oder staatsrechtliche Verbindung zwischen Deutschland und Oesterreich noch nicht möglich; denn sie würde das deutsche Einigungswerk stören, an dessen Zustandekommen wir Deutsch-Oesterreicher das grösste Interesse haben; jedenfalls aber erscheint so lange eine staatsrechtliche Verbindung nicht möglich, ein engstes Zusammengehen Oesterreichs mit Deutschland erwünscht." Will nun Herr Gervinus am Ende auch die braven Deutschen in Steiermark zu den „abgefallenen politischen Lichtträgern und Freiheitshelden" rechnen, welche wie er sich so gewählt ausdrückt, „zum Theilsitz auf den Herrscherthron der Machtpartei hinauffielen?" (Ist es ein Verbrechen, wenn eine politische Partei nach politischer Macht strebt?)

Wenn also Jacob Grimm 1859 klagte: „die deutschen Hoffnungen seien heruntergekommen," so haben sich diese deutschen Hoffnungen gerade 1870 erfüllt. Wenn er es 1859 bedauert, „dass unser Verhältniss zu Oesterreich wieder viel unsicherer geworden", so sind wir gerade gegenwärtig näher als jemals an dem Ziele ein den gemeinsamen Interessen der beiden grossen Staatskörper entsprechendes Zusammengehen derselben zu erreichen. Und darob sollten uns die Manen des Jacob Grimm zürnen? Er, der deutscheste der Deutschen, sollte uns grollen, weil wir 1867 die nationale Wehrkraft zusammengefasst und dadurch, und nur dadurch, 1870 einem frevelhaften Angriff gegenüber Erfolge erzielt haben, welche uns die Einheit und Unabhängigkeit Deutschlands, nach der zwei Generationen vergeblich gerungen, dauernd sichern? Und darob sollte sich Jacob Grimm vor Jammer im Grab herumdrehen? Vielleicht wird uns Gervinus, welcher ja auch behauptet: Deutschland entbehre der Redefreiheit, die dermalen in Frankreich unter Gambetta so herrlich florire, darauf entgegnen: der Angriff von 1870 würde ohne die Ereignisse von 1866 nicht erfolgt sein. Allein, dies wäre ein Irrthum. Auch ohne „Sadowa" war der Kaiser der Franzosen stets bereit, uns mit Krieg zu überziehen, sobald er es zum Zweck der Erhaltung seiner Dynastie nöthig fand: und der französische Heisshunger nach dem Rhein stammt auch nicht von 1866, sondern ist von weit älterem Datum.

Hiermit ist, dünkt mir, das einzige Beweisstück, welches Gervinus beibringt, entkräftet. An einer Stelle scheint er sich auf Dahlmanns Sohn berufen zu wollen, an einer andern auf Dahlmanns Biographen. Allein er bringt von keinem derselben irgend etwas bei, während es doch notorisch ist, dass der Biograph mit ganzem Herzen auf der Seite der von Gervinus verketzerten nationalen Entwicklung steht, und dass der Sohn während seiner politischen Laufbahn ein Gesinnungsgenosse derer war, welche Herr Gervinus jetzt „abgefallene Lichtträger" nennt. Denn zu letzteren muss er doch auch die preussische Fortschrittspartei zählen, welche ja ebenfalls die Ergebnisse von 1866 und 1867 im wesentlichen acceptirt und als gemeinsame Grundlage der nationalen Zukunft anerkannt hat. Mit besserem Recht als Herr Gervinus auf jene, könnte ich mich auf Herrn Herman Grimm, den Sohn W. Grimms und den Neffen J. Grimms, berufen. Herr Herman Grimm, welcher sich mit Vater und Oheim in Uebereinstimmung weiss, hat noch kürzlich, in Gemeinschaft mit nationalgesinnten Freunden, das Gemeindebevollmächtigten-Collegium in München wegen eines im Sinne des sich jetzt vollziehenden Einheitswerkes gefassten Beschlusses telegraphisch beglückwünscht. Sollte das Herrn Gervinus vielleicht nicht bekannt sein? Doch, was frage ich nach dem Sohn und dem Neffen? Fragen wir doch nach Jacob Grimm selbst. Hat er ja doch Jahrzehnte lang zu seiner Nation, welche ihn als ihren Lehrer ersehen, klar, laut und deutlich gesprochen? Hat er, obgleich er sich in den grossen politischen Körpern, dessen Mitglied er 1848 war, ziemlich schweigsam verhielt, es doch stets geliebt, sich nicht nur in Briefen und Gesprächen, sondern auch in Vorreden und bei anderen derartigen Gelegenheiten mit gewohnter freimüthiger Frische auch über politische [Tagesfragen auszusprechen! Diese Aussprüche sind Gemeingut der Nation. Ein Jeder kann sich darauf berufen. Und wenn ich dies thue, so ist der Unterschied zwischen Herrn Gervinus und mir der, dass jener die Worte seines Freundes vergessen, während ich die Aussprüche meines Lehrers in treuer Erinnerung bewahrt habe, dass er phantasirt und träumt, während ich behaupte und beweise.

Ich benutze diese Gelegenheit zugleich, um zu erklären, dass ich in Niemandes Auftrag rede. Wäre das der Fall, so hätte ich es gesagt. Ich glaube aber auch durchaus keines Auftrags irgend Eines der Angehörigen von J. und W. Grimm oder F. C. Dahlmann zu bedürfen, um gegen den spiritistischen Klopfgeister-Schwindel zu protestiren, mittelst dessen ein angeblicher Freund das Andenken theurer Todten verunglimpft. Denn die Wahrung des Gedächtnisses der Lieblinge der Nation ist einem Jeden anvertraut, und wenn er auch, wie Herr Gervinus von mir vorauszusetzen scheint, und ich, der ich nicht am Grössenwahnsinn laborire, auf das Bereitwilligste einzuräumen geneigt bin, — nur Einer der Geringsten wäre.

Ich vermuthe, dass Herr Gervinus gerade jenes Buch von Jacob Grimm, welches ihm selber gewidmet ist, nämlich die „Geschichte der Deutschen Sprache" (Leipzig, Weidmann 1848) gar nicht gelesen, oder wenn gelesen, dann den Inhalt vollständig wieder vergessen hat. Namentlich gilt dies von dem an ihn selbst gerichteten Widmungsbrief.

In jener Widmung, überschrieben „An Gervinus", datirt „Frankfurt den 11. Juni 1848", spricht sich Jacob Grimm, welcher damals als Abgeordneter in der Paulskirche sass, auf das Entschiedenste gegen die antinationalen, vaterlandslosen Radicalen und Preussenfresser aus, gegen „jene Selbstsüchtigen, welche es, gleichviel, ob sie fortan Deutsche heissen, oder Polen und Franzosen, nach dem bodenlosen Meere einer Allgemeinheit gelüstet, das alle Länder überfluten soll", — „gegen jene Gesinnungslosen, welchen es im höchsten Grade einerlei ist, ob vor Hundert Jahren Friedrich der Grosse Preussen erhoben habe, und welche jetzt eben dieses Preussen mit allen Mitteln erniedrigen möchten, da doch unsere Stärke und Hoffnung nur auf ihm beruht."

Grimm fährt dann fort:

„Jetzt freilich haben wir das Politische im Uebermaass, — aber während von der Freiheit, die nichts mehr hindern kann, die Vögel auf dem Dache zwitschern, haben wir leider von seiner, so heissersehnten, uns allein Macht verleihenden Einheit kaum den Schatten. Oh, dass sie bald nahe und niemals wieder von uns weiche!"

Jacob Grimm bedauert, dass sein wissenschaftliches

Werk in einer Zeit erscheine, die nur für Politik Interesse besitze, aber er weiss sich zu trösten.

„Ist es doch", sagt er, „für Den, welcher aus seinem (des Buches) Inhalte Aufgabe und Gefahr des Vaterlandes ermessen will, durch und durch politisch. Es lehrt, dass unser Volk, nach Abschüttelung des Joches der römischen Fremdherrschaft, seinen Namen und seine frische Freiheit zu den Romanen in Gallien, Italien, Spanien und Britannien getragen, mit seiner vollen Kraft allein den Sieg des Christenthums entschieden und sich als undurchbrechlichen Damm gegen die ungestüm nachrückenden Slawen aufgestellt hat in der Mitte Europa's. Von ihm zumal wurden gelenkt die Schicksale des ganzen Mittelalters. Aber welche Höhe der Macht wäre ihm erst beschieden gewesen, hätten Franken, Burgunden, Longobarden und Westgothen gleich den Angelsachsen ihre angestammte Sprache behauptet! Lothringen, Elsass, die Schweiz, Belgien und Holland sind unserem deutschen Reiche, wir sagen noch nicht: unwiederbringlich, entfremdet. Viel zäher auf ihre Muttersprache hielten die Slawen; und darum kann uns heute ein übermüthiger Panslawismus bedrohen. In unserer innersten deutschen Art lag von jeher etwas Nachgiebiges, der ausländischen Sitte sich Anschmiegendes. Sollen wir denn von diesem Fehler bis zuletzt nicht genesen?"

Der grosse Sprachforscher freut sich, dass das deutsche Volk doch wenigstens in seiner Sprache die Einheit bewahrt hat. Er baut darauf die Hoffnung, dass auch die politische Zerstückelung, das Uebermaass der Viel- und Kleinstaaterei, durch die Einheit überwunden werde. Diese Einheit stellt er als alleiniges Ziel hin. Und nun fährt Jacob Grimm, der Kurhesse, in seiner Widmung an G. G. Gervinus, den Hessen-Darmstädter, wörtlich fort, wie folgt:

„In unserem widernatürlich gespaltenen Vaterland kann dies (die Einheit) kein fernes, sondern nur noch ein nahes Ereigniss sein, — ein Ereigniss, das keinen Zwist, sondern Ruhe und Frieden bringt, und das unsere Zeit, wenn irgend eine andere, mit leichter Hand heranzuführen berufen ist. Dann mag Das, was **unbefugte Theilung der Fürsten, die ihre Leute gleich fahrender Habe zu erwerben wähnten, zersplitterte, wieder zusammen wachsen. Aus vier Stücken mag ein neues Thüringen, aus zwei Hälften (Kurhessen und Hessen-Darmstadt) wieder ein einheitliches starkes Hessen erblühen;** jeder Stamm aber, dessen Ehre die Geschichte uns vorhält, dem grossen Deutschland freudige Opfer bringen."

So also hat Jacob Grimm wörtlich gesprochen, und zwar in einer an Gervinus selbst gerichteten und durch Veröffentlichung Gemeingut der Nation gewordenen Zuschrift.

Grimm bedauert die territoriale Zersplitterung, welche Gervinus bewundert. Grimm ist allerdings ein treuer Hesse, aber er versteht unter Hessen nicht jenes durch fürstliche Willkür und unbefugte Theilung entstandene kleine Ländchen, sondern **die Gesammtheit des chattischen Volksstammes.** Weit entfernt, wie Gervinus, der seiner Zeit auch die thüringisch-slawische Bevölkerung des Kurfürstenthums und späteren Königreichs Sachsen verwechselte mit dem alten sächsischen (niedersächsischen) Volksstamm, welcher seit den Zeiten Wittekinds (eigentlich der „witte King" = der weisse König) in dem Nordosten und Norden Deutschlands (in dem jetzigen Westfalen, Hannover, Braunschweig, Oldenburg, Hamburg, Schleswig-Holstein u. s. w.) hauste, — weit entfernt also, mit Gervinus, in der Erlöschung eines kleinstaatlichen „Kurfürstenthums", das eigentlich nur eine kleine Landgrafschaft war, eine Sünde wider den heiligen Geist der deutschen Geschichte oder gar die „Vernichtung eines deutschen Volksstammes" zu erblicken, proclamirt er ohne allen Rückhalt die Nothwendigkeit, dass die verschiedenen hessischen Ländchen wieder zusammengeschmolzen werden zu einem einheitlichen und starken Lande, welches besser als die bisherigen Duodezstaaten befähigt sei, „dem grossen Deutschland freudige Opfer zu bringen."

Dieses Ziel, das wird wohl Herr Gervinus zugeben, liess sich doch nicht anders erreichen, als durch Beseitigung der verschiedenen hessischen Dynastien, von welchen denn doch höchstens eine hätte übrig bleiben können, um das „starke Hessen", zu welchem alle Fragmente des Chattenstammes vereinigt werden sollen, zu regieren. Sollte wohl Herr Gervinus, welcher so sehr die Depossedirung des Herrn Kurfürsten Friedrich Wilhelm zu bedauern scheint, der Meinung sein, dass dieser als der Auserwählte zu betrachten? Aber, wie ist denn Das möglich? Herr Gervinus ist ja nicht Kurhesse, sondern Hessen-Darmstädter und verehrt das Land Darmstadt als einen „deutschen Stammeskörper!" So tritt überall der Dualismus zu Tage. Deutschland war dualistisch, halb österreichisch, halb preussisch. Hessen war dualistisch, halb darmstädtisch und halb casselisch. Darmstadt selbst sogar war dualistisch, halb cis-, halb transmōnanisch, halb nord-, halb süddeutsch. Heut zu Tage sind wir glücklich hinaus über diese „zwei Seelen in einer Brust." Aber Herr Gervinus scheint sie zurückzuwünschen.

Nun wohlan, das ist Geschmacksache. Allein, wie kann Gervinus, Angesichts des Widmungs-Briefes, den ich soeben in seiner wesentlichen Stelle reproduzirt habe, wohl dazu gekommen sein, zu den Mitschuldigen seiner politischen Geschmacklosigkeit Jacob Grimm zu machen, welchem ein guter Geist schon zweiundzwanzig Jahre früher jenen Dedikations-Brief eingegeben zu haben scheint, damit er *acre perennius* für künftige Geschlechter dastehe als ein Protest des damals noch Lebenden gegen jeden Versuch, den Todten und dessen Angedenken zu missbrauchen, um, mit ungerechtfertigter Anwendung des: „Solamen mi-

seris, socios habuisse malorum", für politische Contrebande Deckung zu suchen hinter einer von Allen geachteten Flagge. Wenn wir den Maasstab der Vorrede, welche Jacob Grimm 1848 schrieb, anlegen an das, was wir 1866 und 1870 gethan haben, so müssen wir uns sogar gestehn, dass wir heute hinter seinen Erwartungen noch weit zurückgeblieben sind. Freilich nur in dem Sinne, wie nun einmal der praktische Politiker hinter dem Idealpolitiker nothwendig und unabänderlich zurückbleiben muss.
Wir haben zwar aus allen Hessen wieder Deutsche gemacht. Jacob Grimm aber hatte mehr verlangt. Er wollte auch die willkürlichen territorialen Zersplitterungen ganz beseitigt sehn, durch welche die Dynasten den ursprünglich einheitlichen Volksstamm der Chatten getheilt hatten. Wir haben zwar die Einheit Deutschlands wieder hergestellt. Er aber verlangte daneben auch die Wiederherstellung der Einheit des chattischen Stammes, wie sie vor den Verunstaltungen durch die Viel- und Kleinstaaterei in urgermanischen Zeiten bestanden. Wir haben in einem uns muthwillig aufgedrungenen Kriege dem Feinde einige uns ehedem abhanden gekommene Reichslande wieder abgenommen, weniger in der That als eine Revindication, sondern vielmehr als einen Ersatz für unsere schweren Opfer und als Garantie dafür, dass wir sobald nicht wieder genöthigt sind, von Neuem so blutige Opfer zu bringen. Jacob Grimm aber ist durchaus nicht so genügsam, wie wir. Er nennt nicht nur Elsass und Lothringen, sondern auch (woran wir gar nicht denken) die deutsche Schweiz, das vlaming'sche Belgien und Holland und bezeichnet sie als „unserem deutschen Reiche nicht unwiederbringlich verloren."
Und dabei stellt er das Alles als ganz leichte und beinahe selbstverständliche Dinge hin. Er sagt nicht nur: „Ohne Gründung der deutschen Einheit giebt es nicht endgültig Ruhe und Frieden." Nein, er sagt auch: „Wenn die deutsche Nation will, kann sie heutzutage ohne grossen

Zwist und mit leichter Hand die Einheit gründen." Gewiss, eben so wahr wie es der erste Satz ist, wäre es auch der letzte, wenn wir in Deutschland nicht in Folge unserer Zerstückelung und unserer kleinmeisterlich scholiastischalexandrinischen Periode so viele Querköpfe hätten, die, wenn ihnen unser Herrgott selbst alle Herrlichkeiten der Nation auf dem Präsentirteller überreichen liesse, solche doch zurückweisen würden, wenn der mit der Zustellung betraute Erzengel zu einer anderen Thüre oder zu einem anderen Fenster hereingekommen, als Meister Querkopf wünschte, oder wenn sein Flügelpaar irgend eine andere Schattirung zeigt, als Meister Querkopf vorausgesetzt hatte. Giebt es ja doch sogar heute, im Jahre des Heils 1871, veraltete politische Zunftschuster, welche behaupten, weil bei Gelegenheit des Abschlusses der Verträge mit den Südstaaten nicht zugleich auch einem jeglichen Mitgliede des Reichstags täglich drei Thaler garantirt worden seien, hätte man die Verträge verwerfen und die Einheit vertagen müssen. Point d'argent, — point de Suisses! Das ist die alte theologische Rechthaberei und Streitsucht, übertragen auf das Gebiet der Politik. Das liebe „Ich", das von sich selbst und seiner „Consequenz" (man sollte richtiger sagen: von seiner in Versteinerung übergegangenen Bornirtheit) anbetend im Staub liegt, — dieses liebe „Ich", das Individuum *in abstracto*, setzt sich als Selbstzweck und Mittelpunkt des Daseins. Es kennt keinen Staat, keine Nation, kein Gemeinwesen und keine bürgerliche Gesellschaft. Es sagt einfach: „Ich will recht behalten, und wenn der Teufel Kaiser und Reich holt." *Fiat justitia, pereat mundus*, zu Deutsch: „Ich bin der einzige Gerechte, und die Andern, — nun, die mögen sehen, wo sie hinkommen."

Diese Querköpfe sind es, welche uns die Aufgabe, die sich Jacob Grimm so leicht vorstellte, so unendlich schwer gemacht haben. Ich will keinen Vorwurf gegen ihren Charakter erheben, weil ich sie persönlich nicht genau genug kenne und aus Grundsatz von Niemandem Böses präsumire. Sie sind vielleicht gute Menschen, sehr gute Menschen. Aber unzweifelhaft sind sie schlechte Musikanten. In der Politik aber haben von jeher die schlechten Musikanten zehnfach so viel Unheil gestiftet, als die „bösen Menschen", wenn letztere nur etwas von der Generalbasslehre verstanden. Deutschland war im Winter 1866 auf 1867 Herr seiner Geschicke. Frankreich hatte wenigstens auf diplomatischem Wege, *sub titulo compensationis* im August 1866 die Hand nach deutschem Gebiete ausgestreckt. Preussen gab ihm darauf eine deutsche deutliche Antwort. Wäre Frankreich gerüstet gewesen, es hätte schon damals den Krieg begonnen. In Deutschland wusste damals Jedermann, dass wir vorerst Frankreich noch nicht zu fürchten hatten. Kam der Süden damals sofort bereitwillig, so war die Einheit fertig, ohne Krieg. Preussen konnte und durfte keinen Druck üben, aber eben so wenig konnte oder wollte es dem Süden, wenn er Eintritt begehrte, die Thüre verschliessen.

Wer hat den Beitritt damals verhindert und damit den Krieg heraufbeschworen? Die Herren Querköpfe mit ihren „Systemen"; — mit ihrem „Lieber Französisch, als Preussisch", mit ihrer Verherrlichung der Gestaltungen des westphälischen Friedens, des Utrechter Friedens, des Rheinbundes u. s. w. welche doch alle nichts waren, als Theilungen Deutschlands durch die Franzosen, wie dies ja bekanntlich A. Thiers 1867 in einer siebenstündigen Kammerrede mit eben so viel selbstgefälliger Breite, als französischer ruhmrediger Selbstüberhebung auseinandergesetzt hat; — wahr, dass es traurig, und traurig, dass es wahr ist!

Ich will den Gegenstand heut zu Tage nicht weiter verfolgen. Namentlich will ich nicht an die Ovationen erinnern, welche Louis Napoleon damals auf deutschem Boden empfing, als er nach Salzburg reiste, um dort in langen Unterhaltungen mit Kaiser Franz Joseph die Vortrefflichkeit gewisser Erfindungen, namentlich die des Chassepot-Gewehres, auseinanderzusetzen, u. s. w.

Ich will nur so viel sagen:

Als Herr Gervinus im November 1870 seine seltsame Vorrede schrieb und veröffentlichte, musste er sich überlegen, was er that.

Dass dieselbe in Deutschland schädliche Wirkungen haben werde, konnte er allerdings nicht voraussetzen. Denn die Männer der Wissenschaft kennen ja bereits die eigenthümlich griesgrämige Weltanschauung, welche sich des Herrn Verfassers in Folge seiner unglücklichen Vorsicht auf dem Gebiete der praktischen sowohl, als der prophetischen Politik, bemächtigt hat; und die Partei Bebel, welche der Auffassung des Herrn Gervinus bekanntlich am nächsten steht, liest weder Bücher noch Vorreden.

Aber hat denn Herr Gervinus, als er gerade in jener so ängstlich erwartungsvollen Pause, welche zwischen der Kapitulation von Metz und unseren demnächstigen Erfolgen gegen die Gambetta'sche „Levée en Masse" lag, seine „Vorrede" und seine Geisterbeschwörungen veröffentlichte, gar nicht daran gedacht, dass nicht nur J. und W. Grimm und F. C. Dahlmann, auf deren Autorität er sündigt, sondern auch er, Gervinus, selbst einen, über die Grenzen Deutschlands hinaus reichenden europäischen Namen besitzen? War es ihm in jenem verhängnissvollen Momente nicht bewusst, dass er diesen Namen nur zum allerkleinsten Theile sich selbst, dass er ihn zum grösseren seinem Vaterlande verdankt? Dass er ihn verdankt seinen Vorgängern in der deutschen Wissenschaft, deren Arbeiten von ihm als Grundlage benutzt und ausgebeutet werden? Dass er ihn verdankt dem Beifall, womit ihn die deutsche Nation erfreut hat? Ist ihm denn nie der Gedanke gekommen, dass es nicht erlaubt sei, den Ruhm, welchen man seinem eigenen Volke verdankt, zum Nachtheile eben dieses Volkes und zum Vortheile des Auslandes auszubeuten?

Wäre aber auch Gervinus im Zweifel über die verderblichen Wirkungen seiner Vorrede gewesen, so hätte ihm der Erfolg die Augen öffnen müssen. Diejenigen österreichischen Zeitungen, welche, obgleich sie in deutscher Sprache geschrieben sind, doch einen grimmigen Hass gegen das deutsche Mutterland zur Schau tragen, bemächtigten sich zuerst derselben. Dann folgten auch die uns übel wollenden Zeitungen Englands. Weiter kam Italien, namentlich die Blätter, welche dort in französischer Sprache erscheinen. Aus diesen nahm die Vorrede ihren Weg in Gambetta's Organe. 'Die Gambetta'schen Organe feiern den Freisinn des Gervinus; und Gervinus feiert dafür in der „Allgemeinen Zeitung" die Pressfreiheit, womit Gambetta der Dictator, im Gegensatze zu der in Deutschland herrschenden „Knechtung", das seit Sedan in einem Meer von Wonne, Wohlstand und Freiheit schwimmende Frankreich beglücke.

Man denke sich dieses Bild, diese schöne Wahlverwandtschaft zwischen einem berühmten deutschen Schriftsteller, den unsere Nation mit Anerkennung und Ehren überschüttet hat, auf der einen, und unseren erbittertsten Feind, auf der andern Seite; und man frage sich, was würden J. und W. Grimm, was würde F. C. Dahlmann denn wohl dazu gesagt haben? Hat das deutsche Volk nicht alle Ursache über Undank zu klagen? Dem Auslande können wir keine Vorwürfe machen, wenn es sich in Betreff der Tragweite der Gervinus'schen Vorrede irrt. Das Ausland weiss ja nicht, dass Gervinus schon seit zwanzig Jahren im Schmollwinkel steht, und wie die kleinen Kinder sagen, „nicht mehr mitspielt"; es weiss nicht, dass seine Auffassung ihren Grund hat nicht in den Dingen, wie sie objectiv sind, sondern in dem eigenthümlichen Lichte, in welchem sie in Folge seiner chronisch gewordenen Verstimmung Gervinus subjectiv erblickt.

Unsere Gegner im Auslande also müssen sich ermuthigt

fühlen, wenn sie aus dem Munde eines grossen deutschen Gelehrten solche Worte vernehmen. Diese Ermuthigung erhöht ihre Widerstandskraft; und wenn in Folge dessen sich Paris noch acht Tage länger hält, oder sich eine neue Franctireur-Bande bildet, oder ein Franzose auf die Idee kommt eine Brücke zu sprengen, damit der nächste Eisenbahnzug mit seinen 6000 Mann deutscher Soldaten verunglückt, so wird Gervinus immerhin einen nicht ganz leichten Stand haben, um sich zu vertheidigen gegen die Vorwürfe derer, welche ihn für so viel Jammer und Elend, für so viele Thränen und Wehklagen, für so viel Blut und Leichen verantwortlich machen.

Fürwahr er hätte wohl gethan, wenn er bevor er seine Stimme so laut erschallen liess, auf die Warnung einer ächt deutschen Dichterin, Annette von Droste-Hülshoff, geachtet hätte, welche heisst:

> — „Höhlen giebt es am Meeresstrand
> Gewaltige Stalaktiten-Dome,
>    Wo bläulich zuckt der Fackeln Brand
> Und Kähne gleiten, wie Phantome;
> Das Ruder schläft; der Schiffer legt
>    Die Hand Dir angstvoll auf die Lippe.
> Ein Räuspern nur, ein Fuss geregt,
> Und donnernd überm Haupte schlägt
>    Zusammen Dir die Riesenklippe." —

Ich verlange nicht, dass irgend Jemand seiner Ueberzeugung zuwider handelt. Aber es giebt doch vielleicht auch Umstände, unter welchen der Patriotismus Schweigen auferlegt. Die Zeiten, wo das Schnattern der Gänse das Kapitol zu retten vermochte, gehören der Vergangenheit an. Heutzutage rettet es Moltke „der Schweiger".

Und wenn es Herrn Gervinus ernst ist mit den Anschauungen, welche er in seiner „Nachschrift" kundgiebt, hätte es ihm doch so unendlich leicht werden müssen, zu schweigen.

Er behauptete, der alte Schlosser in Heidelberg (alle

Achtung vor Schlosser; er ist ein eben so nachhaltiger und eiserner Niedersachse, wie Gervinus ein reizbarer, von wechselnden Stimmungen abhängiger, weichlicher Franke), also Schlosser habe stets darauf bestanden, „wer sich sittlich rein erhalten wolle, müsste sich von der praktischen Politik ganz ferne halten." Gervinus sagt ferner, „Wilhelm Grimm habe eine viel zu „reinliche" (sic!) Seele besessen, als dass er je eine Neigung hätte haben können in dem trüben Wasser der Politik zu baden."

Beiläufig bemerkt, eine höchst seltsame und neue Ausdrucksweise. Ich habe wohl schon von „reinen" Seelen gehört, von jenen *animis purissimis*, auf welchen auch nicht das leiseste Stäubchen eines Makels ruht. Sie sind selten hier unter dem wechselnden Mond; und ich glaube Herr Gervinus, welcher wohl nicht im Stande wäre, sich von einer gewissen nervösen Animosität ganz freizusprechen, ist doch zu bescheiden, um sich selbst unter die „reinen" Seelen zu zählen, unter jene Seelen von denen Schiller sagt:

„Dies Kind, — kein Engel ist so rein —,
Lass Deiner Huld empfohlen sein."

Aber „Reinlich?". Das ist doch nicht ein solcher, welcher von Haus aus frei ist und bleibt von jeder ungehörigen Beimischung, sondern Einer, welcher Sinn für Sauberkeit hat und sich oft und gründlich wäscht. (Siehe das treffliche grosse deutsche Wörterbuch von Dr. Daniel Sanders in Strelitz, sub voce „rein"). Nun denke man sich also die „reinliche Seele" des Herrn Gervinus, — eine Seele die sich stets wäscht, — am Ende gar mit Schmierseife? — Bah!

Doch, sehen wir ab von dem absonderlichen Ausdruck (*minima non curat praetor*)! sprechen wir von der Sache.

Gervinus beruft sich auf Jacob Grimm und F. C. Dahlmann als höchste Autoritäten. In demselben Augenblicke behauptet er, Beschäftigung mit der Politik und Reinheit der Seele seien mit einander ganz unvereinbar. Aber er weiss doch, dass Beide in der Paulskirche, und dass ausserdem auch Dahlmann in der ersten Kammer des preussischen Landtags gesessen. Will er nun um desswillen seinen beiden verstorbenen Freunden die Reinheit des Herzens absprechen? Oder will er behaupten, sie hätten keine Politik getrieben? Aber kann man denn Mitglied der wichtigsten parlamentarischen Körperschaften sein, „ohne in dem trüben Wasser der Politik zu baden." Hätten sie aber, was ich bestreite, sich wirklich nie um Politik bekümmert, warum ruft sie denn Herr Gervinus auf als politische Autoritäten.

Man sieht, das ist eine endlose und unentwirrbare Kette von Widersprüchen, von welchen ich übrigens bescheidenster Weise nicht mehr behaupten will, als dass sie abermals einen Beleg liefert für die alte Wahrheit, dass die Logik aufhört, wo die Leidenschaft anfängt.

Endlich aber, wenn es wahr wäre, dass Reinheit des Herzens und Beschäftigung mit Politik unversöhnliche Gegensätze sind, was ich bestreite; — und wenn Herr Gervinus an diese Unversöhnlichkeit glaubt, was ich zugebe: warum, in aller Welt wendet denn Herr Gervinus nicht, getreu dem alten Spruche:

„Politisch Lied, ein garstig Lied"

der Politik den Rücken und trachtet lediglich nach der „Reinheit des Herzens"? Warum zieht er in einer Weise, welche, gelinde ausgedrückt, dem Interesse Deutschlands nicht förderlich, sondern nur nachtheilig sein kann, die Politik, welche ihm so antipathisch ist, an den Haaren herbei an einem Ort, wohin sie gar nicht gehört, nämlich in der Vorrede zu einer Geschichte der poetischen Literatur? Liessen ihn etwa die Lorbeeren seines Göttinger Collegen, des unfreiwillig-komischen Parlamentsredners, nicht schlafen, — jenes Professors Ewald, welcher schon vor langen Jahren in der Vorrede zu einer hebräischen Grammatik seine abstruse politische Anschauung auskramte und neuerdings nicht müde wird, uns asiatische Weisheit zu predigen, indem er uns ermahnt, den unheilvollen Weg des Tschingis-Khan-Bismarck aufzugeben und statt dessen unter den Auspizien des chinesischen Propheten Konfusius die Pfade des gottseligen Reiches der Mitte einzuschlagen, so da zurückführen würden zur Wiederherstellung des allerdurchlauchtigsten Bundestags?

Aber ich weiss es sehr wohl und darf es daher auch sagen, warum Herr Gervinus die Dame Politik verabscheut und doch sie nicht lassen kann. Er hat sie früher durch Liebenswürdigkeit erobern wollen. Dies ist nicht gelungen. Er hat eine Reihe welthistorischer Körbe erhalten. Nun erklärt er sie für eine leichtfertige Kokette, vielleicht gar Cocotte, und predigt ihr Busse in Sack und in Asche. Sie hat gesündigt wider sein System und folglich ist sie verworfen.

Ich freilich, selbst auf die Gefahr hin, dass Herr Gervinus meine „Reinlichkeit" in Frage zieht, habe eine andere Auffassung in Betreff der politischen Pflichten. Ich meine, damit ist dem Vaterlande in der schweren Krisis, welche es durchzumachen hat, wahrlich nicht gedient, dass sich irgend ein gelehrter „professeur de jeu" ein unfehlbares „système" baut und verlangt, dass solches als ewige Weltordnung gelte. Vielmehr kann und muss man von dem Politiker fordern, dass er stets die jeweilige reale Konstellation der Dinge fleissig beobachte und genau erforsche und die dadurch gewonnene Kenntniss, ohne alle Rücksicht auf seine rein persönlichen Liebhabereien und Steckenpferde, im gegebenen Momente zu Gunsten des Vaterlandes verwerthe. Er muss das Wohl der Nation über seine Traditionen, seine „Consequenz" und sein „System" stellen.

Da könnten sich wahrlich doch manche „reinliche Seelen" ein Muster nehmen an dem Grafen Bismarck, den sie doch in doctrinärer Tartüfferie, verabscheuen. Bismarck, erzogen in altmärkischen Traditionen, in dem Glauben an den Stern des Hauses Habsburg, hat einen grossen Theil seiner conservativen Weltanschauung den Bedürfnissen Preussens und der fortschreitenden Entwickelung Deutschlands zum Opfer zu bringen gewusst, und als man ihm im Reichstage einen Vorwurf daraus machen wollte, erklärte er, er rechne es nicht zur Unehre, je älter er werde, desto mehr zu lernen.

Wann aber haben jene Doctrinäre sich entschliessen können, auch nur die kleinste Marotte dem Vaterlande zum Opfer zu bringen?

Gervinus erklärt: „Ich bin zu reinlich, um Politik zu treiben"; und doch schreibt er hochpolitische Vorworte und Nachschriften.

Er erklärt: „Ich verstehe von Volkswirthschaft gar nichts"; und doch schreibt er eine „Geschichte des neunzehnten Jahrhunderts", während doch die Geschichte der jüngst abgelaufenen siebenzig Jahre ohne Kenntniss der Gesetze der öconomischen Bewegung gar nicht zu verstehen ist. Wahrlich, da hätte der grosse deutsche Gelehrte von einer bescheidenen englischen Frau lernen können. Ich meine die Miss Martineau, welche sich an die Schilderung der neuesten Geschichte Englands nicht heranwagte, ohne zuvor die gründlichsten nationalöconomischen Studien gemacht zu haben.

Aehnlich, wie mit der Nationalöconomie geht es Gervinus mit den „Hessen."

Er versichert uns, dass das Hessenvolk des Jacob Grimm (wörtlich „sein Hessenvolk") seit zweitausend Jahren mit uraltem Namen auf uralten Sitzen haftet. Jacob Grimm war allerdings ein Kurhesse von Geburt; und Gervinus meint mit dem „Hessenvolke", dessen selbständiges Dasein im Herbste 1866 „mit einem Federstrich vernichtet" worden sein soll, dem ganzen Zusammenhange seiner Nachschrift nach, offenbar nichts anderes, als die Bevölkerung des weiland „Kurfürstenthums" Hessen.

Dass dieses Kurfürstenthum, oder auch die vorzugsweise durch ihren, von Friedrich Kapp so trefflich geschilderten Menschenhandel, und durch sonst nichts, berühmt gewordene Landgrafschaft Hessen-Cassel, keine zweitausend Jahre alt ist, bedarf wohl kaum der Bemerkung.

Allein auch im Uebrigen wäre zu wünschen, dass Herr Gervinus die „Geschichte der Deutschen Sprache", welche ihm Jacob Grimm dedizirt hat, gelesen oder im Gedächtniss behalten hätte, sonst würde es ihm nicht passirt sein, dass er ganz heterogene Dinge mit einander verwechselte, nämlich die Dynastie Brabant, das Kurfürstenthum Hessen, das eigentliche Hessen-Ländchen und das grosse Gebiet des mächtigen Stammes (nicht Volkes) der Chatten, was Alles keineswegs identische, sondern vier sehr verschiedene Sachen sind.

Was namentlich die beiden letzteren anlangt, so verweise ich ihn auf Jacob Grimm, welcher uns (in seiner „Geschichte der deutschen Sprache" I. Aufl. Leipzig 1848, S. 595 des II. Bandes) erzählt, wie die „Chatten an der Werra und Weser, im Gebiete der Fulda, Schwalm, Eder und Lahn bis zum Main und Rhein sich erstreckten" und zugleich an einer anderen Stelle (Seite 579 ebenda) erwähnt, dass das ächte eigentliche Hessenländchen einen sehr engen Umfang gehabt und sich auf einen kleinen Winkel links der Eder zwischen Gudensberg und Cassel beschränkt habe, nämlich auf sechs Dörfer, welche zum Theil in ihren Namen alliteriren und verewigt sind in dem alt überlieferten Spruche:

— „Dissen, Deute, Haldorf, Ritte, Bune, Besse,
Das sind der Hessen Dörfer alle sesse", (sechse).

Ich führe das Alles an, nicht in der Absicht, mit Herrn Gervinus in Gelehrsamkeit zu wetteifern, vielmehr räume ich ihm auf diesem Gebiete mit Vergnügen und Bereitwilligkeit jede Superiorität ein, welche er anspricht.

Ich verfolge mit diesen Citaten einen ganz anderen Zweck. Ich will zeigen, wie sehr in Gervinus' Herzen die wachsende Misstimmung und Verbitterung auch das Bild des verstorbenen Freundes entstellt und getrübt hat, und dass, wenn wir uns Jacob Grimm vergegenwärtigen wollen, so, wie er wirklich war, wir seine eigenen Werke, aber nicht die verschiedenen „Vor-" und „Nachreden" des Herrn Gervinus zur Hand nehmen müssen.

* * *

Doch genug. Nicht ich bin es, der Geister beschwört, damit sie nach ihrem Tode das Gegentheil von dem sagen, was sie bei Lebzeiten verkündet. Die Beweislast trifft nicht mich, der bestreitet, sondern Herrn Gervinus, welcher behauptet.

Also der selige Geist Grimms soll vor Jammer vergehen wegen der Annexionen; denn durch sie seien selbständige Stämme vernichtet. Aber repräsentirte denn das „Kurfürstenthum" Hessen, oder das „Herzogthum" Nassau einen deutschen Volksstamm? Ist nicht dieses „Herzogthum" von Napoleon I. aus 29 verschiedenen Lappen zusammengeflickt worden zu Gunsten eines seiner rheinbündlerischen Vasallen, der sich nicht scheute auf diese Art durch den ausländischen Despoten seine „Mitfürsten im Reiche", welche ihm nichts zu Leide gethan, für sich berauben zu lassen? Ist nicht jenes Kurfürstenthum Hessen aus Niedersachsen, Thüringern und Chatten zusammengesetzt? Und fällt nicht die volle Hälfte des chattischen Stammes anderen Territorien zu? Und ist durch Herstellung der deutschen Einheit dieser Gesammtstamm der Chatten (ich setze nämlich hier *in favorem Gervini* voraus, dass er überall statt „Hessen" Chatten gesagt hat), welcher bisher durch die territorialen Grenzen getrennt und zerrissen war, nicht wieder zu seiner früheren vollen und untheilbaren Existenz zurückgekehrt? Weit entfernt, vernichtet zu sein, ist er ja jetzt erst recht wieder ein lebensvolles Glied des deutschen Volkskörpers geworden. Haben denn die Chatten seit 1866 aufgehört, „auf ihren uralten Sitzen zu haften?" Haben sie nicht ihrem alten Kriegsruhm neue Lorbeeren hinzugefügt? Haben sie nicht diesmal als freie Männer des grossen deutschen Heerbannes in echt altchattischer Ehre und Wehre für Deutschland gefochten, während sie früher gleich Hammelheerden nach fremden Welttheilen verschachert wurden, und ihr Tyrann sich ihres Niedergangs freute; denn je weniger Chatten zurückkehrten, desto mehr Pfund Sterling oder Ducaten erhielt er. Was 1866 mit einem Federstrich in seinem Dasein vernichtet wurde, das ist nicht der edle und tapfere Volksstamm der Chatten, welcher nun wieder wie ehedem unter Kaiser und Reich steht, und daneben seine eigenen Angelegenheiten zu Hause selbständig verwaltet, sondern die Dynastie Brabant, welche den aus jenem Blutgeld gebildeten Staatsschatz, den Preussen bereitwillig herausgab, dem Lande mit tausend Rechtswidrigkeiten und Chicanen vorenthielt. Keine der neuen und keine der alten Provinzen ist absorbirt worden. Preussen ist nicht Frankreich, Berlin nicht Paris. Oder glaubt etwa Herr Gervinus behaupten zu können: Pommern, Schlesien, Rheinland oder Westfalen hätten, dadurch, dass sie preussisch wurden, ihre provinzielle Individualität eingebüsst? Im Gegentheil, sie haben dieselbe nur um so schärfer ausgeprägt und um so kräftiger entwickelt; und wahrlich, diese Territorien kann man doch mit weit grösserem Rechte „selbständige Stammkörper" nennen als jene weiland kleinen deutschen Landgrafschaften, welche damals aus nichts bestanden als aus einem Herrn und seinen Lakaien.

Herr Gervinus ergeht sich schliesslich in ausführlichen Erörterungen über Föderalismus und Unitarismus. Er gesteht zu, dass Dahlmann „über den Erlebnissen von 1837 und den Hoffnungen von 1848 unitarisch geworden." Ich acceptire dieses Geständniss. Den Beweis, dass Dahlmann später der entgegengesetzten Meinung geworden, hat Herr Gervinus zu führen nicht einmal versucht; und bei einem Mann von so eiserner Ueberzeugungstreue und von so ruhig-gelassenem Herzen, bei einem politischen Denker von solcher Consequenz, auf welchen sein Biograph mit vollem Recht den schönen Vers des Silius Italicus anwendet: „Laeta viro gravitas mentis et amabile pondus", ist doch ein derartiger Gesinnungswechsel wohl schwerlich zu vermuthen.

Was den Vorwurf des Unitarismus anlangt, so passt er in der That herzlich schlecht auf die Ergebnisse des Jahres 1870. Dieses Jahr hat — darüber kann für jeden, welcher die Verträge mit den Südstaaten, aus denen sich die neue Reichsverfassung aufbaut, auch nur halbwegs kennt, kein Zweifel bestehn — auf eine geraume Zeit hinaus nicht zu Gunsten des Unitarismus, sondern zu Gunsten des Föderalismus entschieden. Deutschland ist nicht Einheits-, sondern Bundesstaat geworden. Es wird letzteres um so länger und um so sicherer bleiben, je weniger die einzelnen Glieder des Reiches bestrebt sind, sich ihrer Pflichten gegen das Ganze zu entschlagen, und je weniger sie sich zurücksehnen nach jener Schein-Souveränetät vergangener Zeiten, in welchen sie nicht vollberechtigte Theile eines kräftigen, blühenden und geachteten Staats-Organismus, sondern polizeilich geknechtete Heloten zuerst des französischen Rheinbundes und dann des verachteten Bundestags waren.

Aber auch auf die Ereignisse seit 1866 passt jener Vorwurf durchaus nicht. Seit jenem Jahre sind in Deutschland die unitarische und die föderalistische Bewegung stets nebeneinander hergelaufen, und eine jede derselben war bestrebt, sich desjenigen Gebietes zu bemächtigen, welches ihr die schönsten Früchte zu versprechen schien.

Es ist wahr, wir haben die Gesammtwehrkraft Deutschlands möglichst einheitlich zusammen gefasst. Will man uns desshalb „Centralisten" nennen — wohlan, wir lassen uns es gefallen, denn es gereicht ja dem Vaterlande zum Segen; auf der andern Seite aber haben wir uns, mit einem Erfolge, welchen selbst unsere Feinde nicht leugnen, bestrebt durch die

Reichsgesetzgebung die Provinzen, die Kreise, die Gemeinden, die Körperschaften, die Einzelnen von allen jenen centralistisch-polizeilichen Bevormundungen und Beschränkungen zu befreien, welche den Territorialstaaten auf dem religiösen, politischen, bürgerlichen und wirthschaftlichen Gebiet eigenthümlich waren, so dass in der That das Bundesgesetzblatt von 1867 bis 1870 dereinst die Magna Charta der deutschen Nation zu werden verdiente.

Neben dem Centralisiren der Wehrkraft tritt überall das Decentralisiren und Localisiren der Verwaltung auf das Allerentschiedenste in den Vordergrund, namentlich auch in Preussen, wo die Neigung zur Selbstverwaltung von allen Parteien getheilt wird. Die neuen Territorien suchten sich nach ihrer Einverleibung in den Grosstaat ihre provinzielle Autonomie in Verfassung und Verwaltung nach Kräften zu wahren. Denjenigen unter ihnen welche nach einheitlichem Plane durch hierzu geeinigte und geeignete nationalgesinnte Vertreter diesem Ziele zustrebten, ist dessen Erreichung gelungen. Die anderen Provinzen wollen an selbständiger Unabhängigkeit von bureaukratischer Centralisirung hinter ihren Schwestern nicht zurückbleiben. Die Bewegung wird immer kräftiger und tiefer; sie bemächtigt sich auch des Kreises und der Gemeinde, und der erste Beamte des deutschen Reiches und des preussischen Staats hat zu ihren Gunsten sein Wort verpfändet. Aber das Alles verdammt Herr Gervinus, oder er ignorirt es. Denn die Dinge sind nun einmal nicht den Weg gegangen, welchen er ihnen prophetisch vorgezeichnet und ihm fehlt, um abermals mit Silius Italicus zu sprechen, etwas was in der Politik ebenfalls nöthig ist — „des Herzens heitrer Gleichmuth."

Berlin, den 19. Januar 1871.     Karl Braun.

# IV.

## Intervention, von Herman Grimm.

Gervinus zwingt mich, durch seine „Nachschrift" in No. 17 der Augsburger „Allg. Zeitung" in einer Sache mich aussprechen zu müssen, in der ich, so sehr von vielen und gewichtigen Seiten die Aufforderung zu reden bisher an mich herantrat, zu schweigen entschlossen war. Der Versuch, Jacob und Wilhelm Grimm, die seit Jahren begraben sind, als Gewährsmänner allerneuester Meinung wieder wach zu rufen, erschien mir in solchem Grad ein unmögliches Beginnen, dass ich mir ersparen zu dürfen glaubte dem alten Freunde des Hauses öffentlich gegenüber zu treten.

Nun aber liefert Gervinus zu seinem Vorwort eine authentische Erklärung, und wendet sich direct an uns, als hätten wir (d. h. ich und meine Geschwister) ihn dazu herausgefordert. Die „National-Zeitung" brachte eine Besprechung der Geschichte der deutschen Dichtung aus der Feder des Dr. Braun (Wiesbaden), welcher darauf hinwies wie sehr Gervinus, dadurch dass er die alten Freunde denen der Tod selbst den Mund verschlossen hatte als Vertreter einer ihr Andenken beeinträchtigenden politischen Meinung aufrief, deren hinterlassene nächste Angehörige verletzt habe. Diese Folgerung war eine ganz natürliche, und jeder, auch wer von diesen Angehörigen nicht mehr wusste als dass sie vorhanden seien, durfte und musste sie ziehen. Gervinus, der doch wohl hätte wissen können dass, wenn es mir nothwendig geschienen hätte dass gesprochen würde, ich selbst mit meinem eigenen Wort eingetreten wäre, nimmt in künstlich rhetorischer Wendung, „als wolle und könne er es nicht glauben," trotzdem an: wir hätten Dr. Braun zu diesen Anmerkungen veranlasst, und, indem er ihn selbst als gar nicht in Betracht kommend zur Seite schiebt, wendet er sich an uns. Was Gervinus giebt, soll, wie gesagt, als eine authentische Erklärung seines Vorwortes gelten. Gäbe er nichts weiter in der That, so würde ich, wie ich früher gethan, die Dinge auf sich beruhen lassen. Allein Gervinus bringt etwas ganz neues. In der Vorrede waren beide Brüder genannt; jetzt dagegen finde ich Wilhelm ausgeschlossen. Seine „reinliche Seele" soll die Fragen um die es sich hier handelt gar nicht berührt haben. Wie wäre das zu verstehen? Mein Vater würde sich gescheut haben heute deutlich zu erklären wie er sich zu den jüngsten Ereignissen und zu den Gegnern der durch Preussens Vorangehen errungenen deutschen Einheit stellte? Allerdings überliess Wilhelm in politischen Dingen das Wort gern seinem älteren Bruder, und es entsprach seiner Neigung für sein Theil mehr zurücktreten zu dürfen. Er wich sogar — ich darf es aussprechen ohne Missverständniss zu besorgen — darin von Jacob ab dass er im Abbruche des Alten, aus dem das Neue sich gestalten sollte, behutsamer war als dieser, der am liebsten den ganzen Bau zusammengeschüttelt hätte, im festen Glauben die Steine müssten sich aus eigener Kraft beinahe zum neuen zusammenfügen. Jacob selbst hat in seiner Denkrede auf Wilhelm diese Charakterverschiedenheit mit so schönen Worten hervorgehoben. Und desshalb sollte Wilhelm heute kein entscheidendes Urtheil zu geben haben? Gervinus war ja in Berlin als mein Vater starb.

Er erinnert sich vielleicht mit welchen Worten er aus der Welt ging. Im heftigsten Fieber liegend und in seinen Phantasien hastig vom einen zum andern eilend, wurden endlich seine Gedanken ruhig und geordnet. Als habe er einen weiten Zuhörerkreis um sich, begann er in bedächtiger Klarheit die Lage der öffentlichen Verhältnisse zu erörtern. Es war als wolle er den Beweis liefern dass der Gedanke an das Vaterland den Sieg davontrage über die Macht der Krankheit. Er sprach lange. Er hob den sich überall zeigenden Fortschritt hervor, und endete mit dem Hinweis auf den damals in die Regierung eingetretenen Prinz-Regenten, auf dessen Wirken er die grössten Hoffnungen setzte. Wir standen alle und hörten; es war nicht als ob die letzten Athemzüge eines Mannes dazu verbraucht würden so zu reden.

Das geschah vor zwölf Jahren. Wer allerdings kann wissen wie Wilhelm Grimm heute gedacht hätte? Möge Gervinus ihn stellen wohin er will — meinen Gedanken nach würde mein Vater mit freudigem Herzen den Ereignissen gefolgt sein welche sich heute vollziehen, und für die sein einer Sohn mit im Felde steht. Gervinus redet vom „trüben Wasser der Politik." Wir kennen heute nur das einzige Gefühl mit dem jeder von uns sich als Träger dessen mitempfindet was geschieht, geschehen ist und geschehen wird. Jeder thut ruhig das seinige, weil er weiss dass auf ihn gerechnet werde. Die Zuversicht mit welcher der beste Theil unseres Volkes heute in Frankreich steht, fehlt uns Zurückgebliebenen nicht, und wer diesem Gefühl gegenüber von Politik und Partei redet, der kennt das Volk nicht.

Gervinus, indem er sich nun auf Jacob Grimm allein beruft, lässt wiederum jetzt dessen heutige eventuelle Meinung mehr zurücktreten, um desto fester darauf zu bestehen: Jacob Grimm sei ein geborner Particularist und zur Zeit seines Todes (1863) Föderalist gewesen. Seine heutige Stellung soll sich daraus — es werden einige seiner Aeusserungen aus den letzten Lebensjahren angeführt — dann von selbst ergeben.

Weil Jacob Grimm, wie sein Bruder, in unwandelbarer Anhänglichkeit seine Heimath Hessen liebte, müsste er desshalb das Ende der dort eingenisteten jammervollen Wirthschaft bedauert und den natürlichen Fortschritt des Landes seit seiner neuen Verbindung verkannt haben? Weil er, ehe Schleswig-Holstein für uns wiedergewonnen, der Druck Oesterreichs siegreich abgeworfen und der verbrecherische Uebermuth Frankreichs bestraft war, mit Sorge und Misstrauen in die nächste Zukunft sah, wie wir alle thaten; weil er eine Uebergangspolitik verwünschte, deren Ziele damals niemand anders als im ungünstigsten Sinn aufzufassen im Stande war, desshalb sollte er heute dem lebendigen Schaffen der Männer entgegen gewesen sein, denen wir die deutsche Einheit und das Kaiserthum verdanken? Mitten im Frühlingssturme der neuerwachten, neugeeinten deutschen Kraft sollte Jacob Grimm, abseits unter einer windstillen Felsenecke stehend, nichts von seinem Wehen empfunden und mit schwerer Beängstigung die Einheit des Vaterlandes nahen und sich gestalten gesehen haben? Nur für unversöhnlichen Tadel hätten seine Lippen da Worte gehabt? Sein Bild steht zu vielen anders vor der Seele!

Ich war im letzten Lebensjahrzehnt Jacob Grimms wohl so weit selber ins Leben hineingewachsen, und stand ihm nahe genug, um meine eigenen Erfahrungen denen seiner älteren Freunde nun zur Seite stellen zu dürfen. Jacob Grimm ist niemals Föderalist gewesen, ja er würde die Meinung welche Gervinus ihm heute zuzuweisen versucht, gar nicht verstanden haben. Er kannte solche Clauseln nicht, er hatte stets im einfachsten Sinn das Allgemeine im Auge. Particularist war er, wie wir alle heute es sind und hoffentlich bleiben werden. Ich selbst, der ich nur als

Kind wenige Jahre in meinem Geburtslande lebte, bin so stolz auf diesen Ursprung, dass ich ihn mit keinem andern vertauschen möchte. Nichts klingt mir so vertraut und schlägt so an mein Herz als die hessische Sprache. Das Gefühl mit dem die Brüder Grimm mit allen Wurzeln ihres Daseins im hessischen Boden hingen, kennt jeder der überhaupt von ihnen weiss. Möge in allen Hessen niemals etwas von dieser Liebe verloren gehen, und die grosse Vereinigung, die sich heute vollzogen hat, Hessen und all den übrigen Landschaften Deutschlands zu gute kommen, damit niemals, wie in Frankreich, ein einzelner Punkt in erhöhtem Maasse das Vaterland zu repräsentiren scheine, und das Uebrige und das Ganze keinen Schaden leide. So empfinden wir heute doch alle: warum sollte Jacob Grimm anders empfunden haben? Obgleich er niemals in seiner Liebe zu Hessen nachliess, war er völlig in seiner neuen Heimath festgewachsen. Auf seinem Leichensteine, bestimmte er, sollte nur das Jahr und der Tag seiner Geburt, nicht aber stehen wo er geboren sei. Das kann doch nur bedeuten dass ein deutscher Boden als Geburts- und Grabstätte für ihn gelten solle. Er erwartete von Preussen den Ausgang zur endlichen Befreiung und Vereinigung von Deutschland ohne für die Wege dahin Bedingungen vorzuschreiben. Es schien viel verloren zu der Zeit als er starb, und wenig Hoffnung war, es werde der Verlust so bald wieder eingebracht werden. Niemals aber hat Jacob Grimm Zweifel gehegt dass es geschehen müsse, und auf solchem Weg geschehen müsse. Was hätte ihm am Föderalismus heute und am künstlichen Aufbau eines Bundesstaats gelegen, dessen Kraft und Stärke nicht allein in den natürlichen Verhältnissen lagen die sich von selbst ergeben?

Wir sind hinaus über diese architektonischen Versuche. Unsere Gegenwart und Zukunft nimmt uns für anderes in Anspruch. Ein Volk das einen solchen Krieg führt, das von Tag zu Tag der Kanonendonner, der fern von Frankreich herüberhallt, in athemloser Spannung hält, weiss und fühlt dass es auf eignen Füssen stehe, und dass die Fragen innerer deutscher Politik diejenige Erledigung finden werden, welche am meisten dem Bedürfniss des Landes entspricht. Denn jedermann ohne Unterschied ist sich bewusst, dass wir ohne das die Kämpfe der Zukunft, die unsere eigene Kraft gegen uns beschwören könnte, nicht bestehen würden.

Jacob und Wilhelm Grimms persönliche politische Ansichten kommen für die Fragen der laufenden Politik nicht mehr in Verwendung. Ständen sie heute als kräftige Männer im Leben darin sie würden die Nothwendigkeit empfunden haben, über alle möglichen Bedenken hinweg für das neugeeinte Deutschland einzustehen, und in ihm den endlich errungenen natürlichen Grund erblicken, von dem aus mit unablässiger Anstrengung weiter zu arbeiten sei.

An Gervinus noch ein Wort und hoffentlich hier das letzte.

Durch den Zeitungsartikel aus der Feder eines Mannes, den er nicht sehr hoch zu stellen scheint, und auf die blosse Vermuthung hin: dieser Mann sei zum Fürsprecher erwählt worden, wendet er sich in einem öffentlichen Blatt an die Hinterbliebenen zweier Männer, die seine alten Freunde waren um ihnen „Rede zu stehen". Seine alten Freunde selbst sind vor langen Jahren — man kann so sagen, da die Zeit heute so schnell läuft — gestorben. Warum deren Staub aufrühren, ohne damit zum Heil des Vaterlandes etwas erreichen zu können; denn wer wird heute sich durch Meinungen zum Stillstehen oder zur Umkehr bewegen lassen, zu deren Bekräftigung nur die Schatten der drei Männer zweifelhaft heraufbeschworen werden, die allen Anspruch darauf haben dem Kampfe der täglichen Politik endlich entrückt zu sein? Und warum deren Hinterbliebene in diesen Kampf hineinziehen, die so gern geschwiegen hätten? Was ich gesagt habe, ist gesagt worden um eine Pflicht zu erfüllen, der ich mich nicht mehr entziehen konnte;

Gervinus angreifen zu wollen, lag mir fern. Ihm gegenüber möchte ich immer so dastehen als wenn meine im Vergleich zu den seinigen jüngeren Jahre mir zu schweigen erlaubten, selbst da wo die Meinung mich schmerzte ja sogar verletzte, die er mir gegenüber ausspricht.

Berlin, 21. Jan. 1871.

Herman Grimm.

# V.
## Das Erkenntniss

in dieser Sache wird gesprochen werden von dem Gerichtshofe der öffentlichen Meinung in Deutschland.

(Schluss.)

Druck von Bär & Hermann in Leipzig.